초등영어 리딩이 된다 Basic 2

지은이	NE능률 영어교육연구소
선임연구원	김지현
연구원	서수진 송민아 정희은
영문교열	August Niederhaus MyAn Thi Le Nathaniel Galletta
디자인	(주)홍당무
내지 일러스트	곽호명 김은미 김현수 민병권 베로니카 안홍준 양종은 임현진 조화평
영업	한기영 이경구 박인규 정철교 김남준 이우현
마케팅	박혜선 남경진 이지원 김여진

Photo Credits Shutterstock

NE능률이
미래를
창조합니다.

건강한 배움의 고객가치를 제공하겠다는 꿈을 실현하기 위해
40년이 넘는 시간 동안 열심히 달려왔습니다.

앞으로도 끊임없는 연구와 노력을 통해
당연한 것을 멈추지 않고

고객, 기업, 직원 모두가 함께 성장하는 NE능률이 되겠습니다.

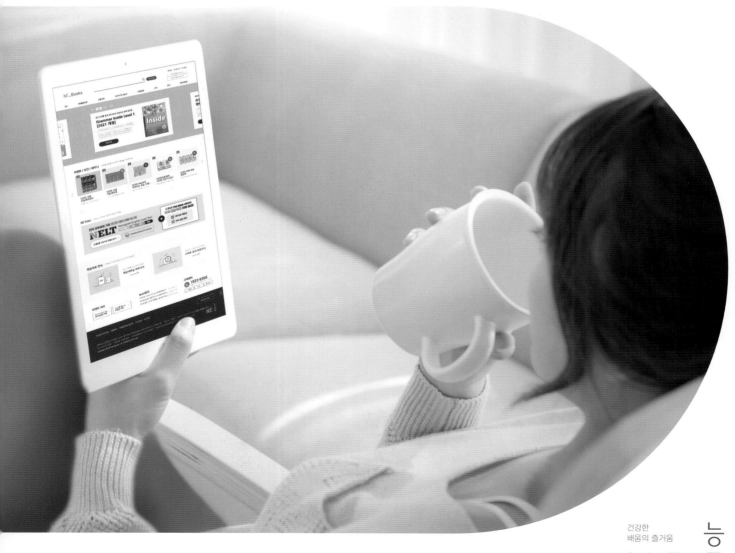

초등영어

리딩이
된다

Basic 2

초등영어 리딩이 된다 로 공부하면?

1 **학교에서 배운 지식을 바탕으로 영어 독해를 할 수 있습니다.**

영어를 언어 그 자체로 익히기 위해서는 '내용 중심'의 접근이 중요합니다. 〈초등 영어 리딩이 된다〉 시리즈는 우리나라 초등학교 교과과정을 바탕으로 소재를 구성하였습니다. 이 책으로 학생들은 이미 알고 있는 친숙한 소재를 통해 영어를 더욱 재미있고 효과적으로 학습할 수 있을 뿐 아니라 교과 지식과 관련된 영어를 자연스럽게 습득할 수 있습니다.

2 **통합교과적 사고를 키울 수 있습니다.**

초등학생들은 학교에서 국어, 영어, 사회, 과학 등의 과목을 따로 분리하여 배웁니다. 하지만 실생활에서는 학교에서 공부하는 교과 지식이 모두 연관되어 있습니다. 따라서 교과 간의 단절된 지식이 아닌, 하나의 주제를 다양한 교과목의 관점에서 생각할 수 있는 '통합교과적 사고'를 기르는 것이 중요합니다. 〈초등 영어 리딩이 된다〉 시리즈는 하나의 대주제를 중심으로 다양한 교과를 연계하여, 영어를 배우면서 동시에 통합적 사고를 키울 수 있습니다.

3 **4차 산업혁명의 키워드인 '컴퓨팅 사고력'도 함께 기를 수 있습니다.**

최근 4차 산업혁명과 함께 코딩 교육을 향한 관심이 높아지고 있습니다. 이러한 트렌드의 핵심은 단순히 코딩 기술을 익히는 것이 아닌, 컴퓨팅 사고력과 창의성을 통해 주어진 문제의 본질을 파악하고 이를 해결하는 능력을 기르는 것입니다. 〈초등 영어 리딩이 된다〉 시리즈는 매 Unit의 Brain Power 코너를 통해 배운 내용을 정리하는 동시에 컴퓨팅 사고력을 기를 수 있도록 구성하였습니다.

초등 영어 리딩이 된다 이렇게 공부하세요.

1. 자신 있게 학습할 수 있는 단계를 선택해요.

〈초등 영어 리딩이 된다〉 시리즈는 학생 개인의 영어 실력에 따라 단계를 선택하여 학습할 수 있는 교재입니다. 각 권별 권장 학년에 맞춰 교재를 선택하거나, 레벨 테스트를 통하여 자신의 학습 상황에 맞는 교재를 선택해 보세요. NE능률 교재 홈페이지 www.nebooks.co.kr 에 접속해서 레벨 테스트를 무료로 응시할 수 있습니다.

2. 학습 플랜을 짜보아요.

책의 7쪽에 있는 학습 플랜을 참고해서 학습 계획표를 짜 보세요. 한 개 Unit을 이틀에 나눠서 학습하는 24일 완성 플랜과, 하루에 한 개 Unit을 학습하는 12일 완성 플랜 중 꼭 지킬 수 있는 플랜을 선택하여 계획을 세우고, 실천해 보세요!

3. 다양한 주제에 관한 생각을 키워요.

Chapter나 Unit을 시작할 때마다 주제에 관해 생각해볼 수 있는 다양한 질문이 수록되어 있습니다. 꼭 영어로 대답하지 않아도 좋아요. 리딩 주제에 대해 다양한 관점에서 생각해보며 배경지식을 활성화시키고 학습에 대한 집중도와 이해도를 더 높일 수 있습니다.

4. 리딩에 나올 단어들을 미리 암기해요.

〈초등 영어 리딩이 된다〉 시리즈는 본격적인 리딩을 시작하기 전, 리딩에 나오는 단어들을 먼저 학습할 수 있도록 구성되어 있습니다. QR코드를 스캔하여 단어를 듣고 따라 써보세요. 단어를 암기한 후 리딩을 시작하면 리딩 내용에 집중하는 데 큰 도움이 됩니다. 책 뒷부분에 붙어 있는 단어장을 평소에 들고 다니며 외워도 좋아요!

5. 무료 온라인 부가자료를 활용해요.

영어는 반복이 중요합니다. NE능률 교재 홈페이지 www.nebooks.co.kr 에서 제공되는 통문장 워크시트, 직독직해 워크시트, 어휘 테스트지를 활용하여 배운 내용을 복습해 보세요.

구성 및 활용법

1. 하나의 대주제로 과목들이 어떻게 연계되어 있는지 한눈에 파악할 수 있습니다.

2. 본격적인 학습 전 Chapter의 대주제와 관련된 설명을 읽고 Chapter에서 배울 내용을 파악할 수 있습니다.

3. Chapter 대주제와 관련된 질문에 답하며 뒤에 이어질 내용을 생각해봅니다.

STEP 02 Words

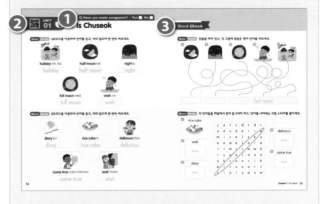

Unit의 새로운 단어를 배우고 재미있는 활동으로 단어를 익힐 수 있습니다.

1. Unit과 관련된 질문에 답하며 뒤에 이어질 내용을 생각해봅니다.

2. QR코드를 스캔하여 단어를 듣고 따라 읽어 본 후, 삼선에 맞추어 단어를 바르게 써보는 훈련을 합니다.

3. 퍼즐이나 스티커 활동 등을 통해 단어를 정확히 알고 있는지 확인합니다. *책 뒤편의 스티커를 이용해보세요.

STEP 05 Wrap UP!

한 Chapter가 끝나면 Wrap UP! 문제를 통해 다시 한번 Chapter의 내용을 복습합니다.

+a 추가 학습자료 Workbook

매 Unit 학습 후 Workbook으로 단어와 패턴을 복습할 수 있습니다.

4

Reading

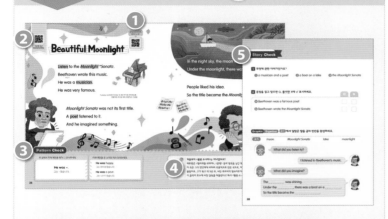

Brain Power

Unit에서 새롭게 배울 이야기를 읽고 확인 문제를 풀어봅니다.

❶ 이야기와 관련된 음악이나 영상 QR코드가 있는 경우 먼저 감상합니다.

❷ QR코드를 스캔하여 이야기를 듣고 따라 읽어봅니다.

❸ 이야기에서 자주 쓰인 패턴을 배우고, 이야기 속에서 해당 패턴을 찾아봅니다. 추가 예문을 통해 다양한 예시도 배웁니다.

❹ 이야기와 관련된 배경지식을 쌓을 수 있습니다.

❺ 주제 찾기, OX 문제, Graphic Organizer 등을 풀며 앞서 배운 내용을 정리합니다.

재미있는 퀴즈를 풀며 코딩을 위한 컴퓨팅 사고력을 기르고 Unit에서 배운 내용을 점검합니다.
*책 뒤편의 스티커를 이용해보세요.

❶ QR코드를 스캔하면 각 문제에 관한 힌트 영상을 볼 수 있습니다.

별책부록 – 단어장

학습이 끝나도 언제 어디서나 그림과 함께 단어를 복습할 수 있습니다.

모바일 Teaching Guide

QR코드를 스캔하면 선생님 또는 학부모가 학생을 지도하는 데 유용한 Teaching Tips, 배경지식, 관련 영상 등을 활용할 수 있습니다.

무료 부가서비스

- 온라인 레벨테스트
- 통문장 워크시트
- 직독직해 워크시트
- 어휘 테스트지

www.nebooks.co.kr 에서 다운로드하세요!

부록

· 스티커   · 단어장
· Workbook / 정답 및 해설 (책속책)

24일 완성

하루에 Main Book 한 개 Unit을 학습하고
다음 날 Workbook 및 온라인 부가자료로 복습하는 구성입니다.

Chapter	Unit	학습 분량	학습 날짜	학습 분량	학습 날짜
Chapter 1	Unit 01	1일차 Main Book	__월 __일	2일차 Workbook	__월 __일
	Unit 02	3일차 Main Book	__월 __일	4일차 Workbook	__월 __일
	Unit 03	5일차 Main Book	__월 __일	6일차 Workbook	__월 __일
	Unit 04	7일차 Main Book	__월 __일	8일차 Workbook	__월 __일
Chapter 2	Unit 01	9일차 Main Book	__월 __일	10일차 Workbook	__월 __일
	Unit 02	11일차 Main Book	__월 __일	12일차 Workbook	__월 __일
	Unit 03	13일차 Main Book	__월 __일	14일차 Workbook	__월 __일
	Unit 04	15일차 Main Book	__월 __일	16일차 Workbook	__월 __일
Chapter 3	Unit 01	17일차 Main Book	__월 __일	18일차 Workbook	__월 __일
	Unit 02	19일차 Main Book	__월 __일	20일차 Workbook	__월 __일
	Unit 03	21일차 Main Book	__월 __일	22일차 Workbook	__월 __일
	Unit 04	23일차 Main Book	__월 __일	24일차 Workbook	__월 __일

12일 완성

하루에 Main Book 한 개 Unit을 학습하고 Workbook으로 정리하는 구성입니다.
온라인 부가자료를 다운받아 추가로 복습할 수 있습니다.

Chapter 1

1일차 Unit 01	2일차 Unit 02
__월 __일	__월 __일
3일차 Unit 03	4일차 Unit 04
__월 __일	__월 __일

Chapter 2

5일차 Unit 01	6일차 Unit 02
__월 __일	__월 __일
7일차 Unit 03	8일차 Unit 04
__월 __일	__월 __일

Chapter 3

9일차 Unit 01	10일차 Unit 02
__월 __일	__월 __일
11일차 Unit 03	12일차 Unit 04
__월 __일	__월 __일

단계	Chapter	대주제	Unit	제목	연계 과목	초등 교육과정 내용 체계	
						영 역	핵심 개념
Basic 1 (50 words) 초등 3-4학년	1	Animals	1	Lovely Animals	도덕	자연·초월과의 관계	책임
			2	At the Zoo	과학	생명의 연속성	진화와 다양성
			3	Animal Songs	음악	감상	음악 요소와 개념
			4	How Many Legs Are There?	수학	수와 연산	수의 연산
	2	Recycling	1	Let's Recycle!	도덕	자연·초월과의 관계	책임
			2	I Love Upcycling	실과	자원 관리와 자립	관리
			3	Beautiful Music	음악	표현	음악의 표현 방법
			4	Make a Graph	수학	자료와 가능성	자료 처리
	3	Traditions	1	Old Games, New Games	사회	사회·경제사	전통문화
			2	Neolttwigi Is Fun!	과학	힘과 운동	힘
			3	A Famous Picture	미술	감상	이해
			4	Let's Go to a Market!	수학	규칙성	규칙성과 대응
Basic 2 (60 words) 초등 3-4학년	1	The Moon	1	It Is Chuseok	사회	사회·경제사	전통문화
			2	Friends in Space	과학	우주	태양계의 구성과 운동
			3	Beautiful Moonlight	음악	감상	음악의 배경
			4	Two Different Moons	수학	도형	평면도형
	2	Family	1	Small Family, Large Family	사회	사회·경제사	가족 제도
			2	We Work Together	실과	인간 발달과 가족	관계
			3	Van Gogh's Special Family	미술	감상	이해
			4	Happy Birthday!	수학	규칙성	규칙성과 대응
	3	Food	1	Where Do These Fruits Come From?	사회	장소와 지역	공간관계
			2	Popcorn Pops!	과학	물질의 성질	물질의 상태
			3	Delicious Art	미술	표현	발상
			4	Let's Cook!	수학	측정	양의 측정

단계	Chapter	대주제	Unit	제목	연계 과목	초등 교육과정 내용 체계	
						영 역	핵심 개념
Basic 3 (70 words) 초등 3-4학년	1	Transportation	1	How We Travel	사회	인문 환경과 인간 생활	경제활동의 지역구조
			2	Move like Animals	과학	생명 과학과 인간의 생활	생명공학기술
			3	Riding a Bike Safely	체육	안전	안전 의식
			4	Going to the Library	수학	측정	양의 측정
	2	The Sea	1	Life in a Fishing Village	사회	장소와 지역	장소
			2	A Story of the Sea	과학	대기와 해양	해수의 성질과 순환
			3	A Painting of the Sea	미술	표현	발상
			4	Waste Shark	실과	기술활용	혁신
	3	Diamonds	1	Why Are Diamonds So Special?	사회	경제	경제생활과 선택
			2	I Am Stronger Than You	과학	물질의 성질	물리적 성질과 화학적 성질
			3	Diamonds in Cities	미술	체험	연결
			4	Triangles in a Diamond	수학	도형	평면도형
Basic 4 (80 words) 초등 3-4학년	1	Bees	1	The Three Types of Honeybees	과학	생명의 연속성	생식
			2	Making Choices Together	사회	정치	민주주의와 국가
			3	A Bee in Music	음악	감상	음악의 요소와 개념
			4	Strong Honeycombs	수학	도형	평면도형
	2	Light	1	Why We Need Light	과학	파동	파동의 성질
			2	We Want Sleep!	사회	정치	민주주의와 국가
			3	Is It Day or Night?	미술	감상	이해
			4	Which Travels Faster?	수학	수와 연산	수의 연산
	3	Earthquakes	1	What Is an Earthquake?	과학	고체지구	판구조론
			2	Earthquakes around Us	사회	자연 환경과 인간 생활	자연 - 인간 상호작용
			3	Earthquake Safety Rules	체육	안전	안전 의식
			4	Helpful Technology	실과	기술활용	혁신

Chapter 1 The Moon

여러분은 달을 보면 무엇이 먼저 떠오르나요? 추석에 뜨는 둥근 보름달을 떠올릴 수도 있고 눈썹을 닮은 초승달을 떠올릴 수도 있겠죠. 매일 밤 하늘에 뜨는 달에는 어떤 이야기가 있을까요? 이번 Chapter에서 달에 관해 더 자세히 알아봅시다.

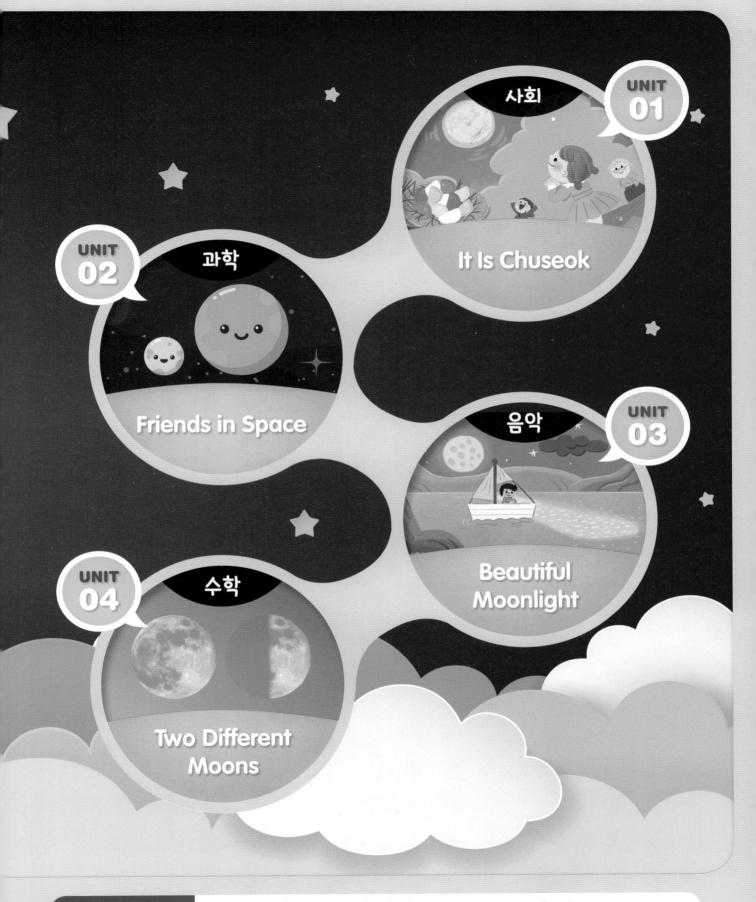

Chapter Q Does the moon look the same every day?

Q Have you made *songpyeon*? Yes ☐ No ☐

It Is Chuseok

Main Words QR코드를 이용하여 단어를 듣고, 따라 읽으며 한 번씩 써보세요.

holiday 연휴, 휴일

holiday

half-moon 반달

half-moon

night 밤

night

full moon 보름달

full moon

wish 소원

wish

More Words QR코드를 이용하여 단어를 듣고, 따라 읽으며 한 번씩 써보세요.

diary 일기

diary

rice cake 떡

rice cake

delicious 맛있는

delicious

come true (소원이) 이루어지다

come true

wait 기다리다

wait

12

Word Check

Main Words 선들을 따라 잇고, 각 그림에 알맞은 영어 단어를 써보세요.

1

2

3

4 half-moon

5

More Words 각 단어들을 퍼즐에서 찾아 동그라미 치고, 단어를 나타내는 그림 스티커를 붙이세요.

1 rice cake

2 wait

Stick

3 diary

Stick

c	a	t	c	d	r	d	r
o	d	u	d	e	i	i	e
m	i	c	e	l	c	k	s
e	a	w	a	i	a	i	e
t	r	m	i	c	w	w	k
r	y	g	e	i	d	a	a
u	k	c	o	o	r	i	k
e	i	r	u	u	a	t	t
r	r	i	a	i	s	d	s	w

4 delicious

Stick

5 come true

Stick

지문을 듣고
따라 읽어보세요.

Chuseok at My Grandma's House

Suji's Diary

Last week was Chuseok, a holiday.
추석

I went to my grandma's house.

I did some traditional things for Chuseok.

I made *songpyeon* with my grandma.
송편

It is a traditional Korean rice cake.

It looks like a half-moon.

Later, I ate the *songpyeon*.

It was delicious!

Pattern Check

위 글에서 아래 패턴을 찾아 □ 표시하세요.

I went ~.
저는 ~에 갔습니다.

아래 예문을 큰 소리로 따라 읽어보세요.

I went to school.
저는 학교에 갔습니다.

I went to the hospital.
저는 병원에 갔습니다.

14

At night, I went outside.

I looked at the full moon.

And I made a wish.

Will my wish come true?

I'm waiting!

송편은 그냥 떡이 아니라 과학이야!

옛날부터 송편을 찔 때는 솔잎을 깔았어요. 이렇게 요리하면 솔잎 향이 배어들어 송편이 향긋해져요. 게다가 솔잎에 있는 피톤치드라는 물질 덕분에 송편이 잘 상하지 않는다고 해요. 찐 송편에는 영양소가 많은데, 음식을 쪄먹으면 영양소가 잘 파괴되지 않는 덕분이에요. 이렇게 우리가 먹는 송편에도 과학 원리가 숨어 있었어요!

Story Check

1 무엇에 관한 이야기인가요?

① traditional rice cakes

② the Chuseok holiday

③ the full moon at night

2 문장을 읽고 맞으면 O, <u>틀리면</u> X에 ∨ 표시하세요.

	O	X
ⓐ Suji went to her grandma's house on Chuseok.	☐	☐
ⓑ Suji looked at the half-moon on Chuseok.	☐	☐

Graphic Organizer 보기 에서 알맞은 말을 골라 빈칸을 완성하세요.

보기   delicious   wish   grandma   full moon

Suji's Diary

On Chuseok ...

I went to my _____'s house.

I made *songpyeon*. It was _____!

I looked at the _____.

And I made a _____.

16

Brain Power

흥미로운 미션을 풀고
코딩을 위한 **사고력**도 길러보세요!

1 절차적 사고력

아래 표의 달의 모양들을 어떤 규칙에 맞게 색칠하면 한글이 나타납니다. **힌트** 를 보고 규칙을 찾아 칸을 색칠한 후 한글 단어를 만들고 영어로도 써보세요.

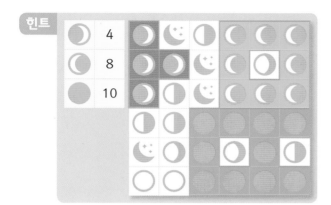 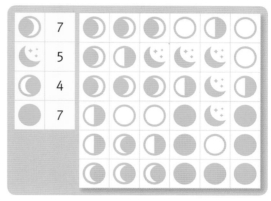

한글 단어 ➡ _____밤_____

영어 단어 ➡ _____night_____

한글 단어 ➡ _____

영어 단어 ➡ _____

2 논리적 사고력

혜주가 추석에 한 일을 아래 단어 카드에 숨겨놓았습니다. A~D를 **단서** 에 맞게 배열하고, A~D에 해당하는 단어를 순서대로 써서 문장을 완성해보세요.

단서

B와 D는 붙어있지 않아.
A는 D의 오른쪽에 있어.
C는 D의 왼쪽에 있어.

단서

C와 D는 붙어있지 않아.
A는 B보다 오른쪽에 있어.
B는 C의 바로 왼쪽에 있어.

a B ▢ ▢ ▢

➡ I _____.

b D ▢ ▢ ▢

➡ I _____.

| A | at home | B | + |
| C | made | D | *songpyeon* |

| A | at the moon | B | made |
| C | a wish | D | + |

Friends in Space

Main Words QR코드를 이용하여 단어를 듣고, 따라 읽으며 한 번씩 써보세요.

round 둥근

round

sun 태양

sun

shine 비추다

shine

mountain 산

mountain

space 공간; *우주

space

More Words QR코드를 이용하여 단어를 듣고, 따라 읽으며 한 번씩 써보세요.

ocean 바다

ocean

plant 식물

plant

color 색깔

color

blue 파란색

blue

green 초록색

green

Word Check

Main Words 그림을 보고 빈칸에 알맞은 알파벳을 보기 에서 골라 단어를 완성하고, 알맞은 뜻의 스티커를 붙여 보세요.

보기   ~~n~~   e   u   p   c   ~~s~~   o   a   h   d

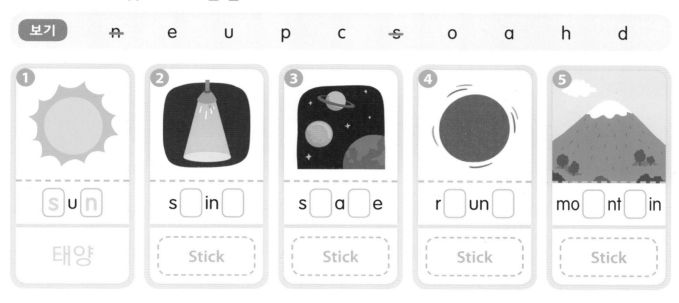

1. s u n
   태양

2. s ☐ in ☐
   Stick

3. s ☐ a ☐ e
   Stick

4. r ☐ un ☐
   Stick

5. mo ☐ nt ☐ in
   Stick

More Words 각 그림에 맞는 단어와 뜻을 연결해 보세요.

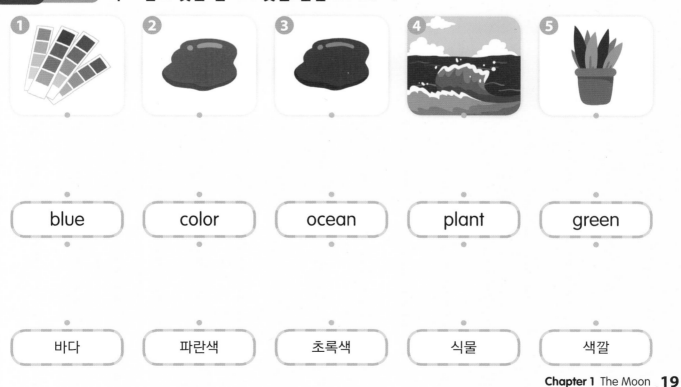

| blue | color | ocean | plant | green |

| 바다 | 파란색 | 초록색 | 식물 | 색깔 |

지문을 듣고
따라 읽어보세요.

Friends in Space

 We are the earth and the moon.

We are round.

And the sun shines on us.

I have oceans, mountains, and air.

I have many animals and plants too.

Pattern Check

위 글에서 아래 패턴을 찾아 □ 표시하세요.

I have ~.
저에게는 ~이 있습니다.

아래 예문을 큰 소리로 따라 읽어보세요.

I have many books.
저에게는 많은 책들이 있습니다.

I have homework.
저에게는 숙제가 있습니다.

20

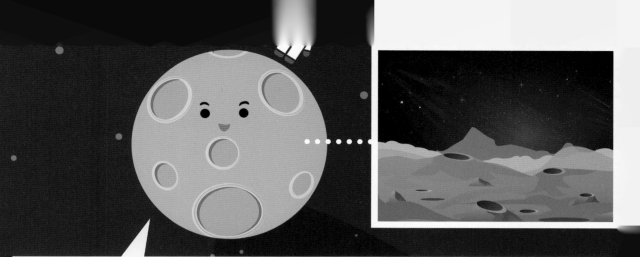

I have high mountains too.

But I don't have air, animals, or plants like the earth.

I have many colors.

I look blue or green in spc

I like your colors.

So I go around you every day.

🧭 **달에 웬 시커먼 점이 있지?**

밤에 달을 자세히 관찰하면 밝게 보이는 부분과 어둡게 보이는 부분을 볼 수 있어요
어둡게 보이는 부분은 '바다'라고 하며, 밝게 빛나는 부분은 '육지'라고 불러요. 달의
달의 바다보다 지대가 높기 때문에 햇빛을 받아 밝게 보여요. 또한 달의 바다는 어ᄃ
현무암질 암석으로 구성되어 육지보다 더 어두워 보인답니다.

Story Check

1 무엇에 관한 이야기인가요?

① the earth and the moon   **②** the colors of the moon

③ animals on the earth

2 문장을 읽고 맞으면 O, <u>틀리면</u> X에 √ 표시하세요.

	O	X
ⓐ The earth and the moon shine on the sun.	☐	☐
ⓑ The moon looks blue or green in space.	☐	☐

Graphic Organizer 보기 에서 알맞은 말을 골라 빈칸을 완성하세요.

보기   earth   sun   mountains   space   oceans

- has _____, air, animals, and plants.
- looks blue or green in _____.

- They are round.
- The _____ shines on them.
- They have _____.

- goes around the _____ every day.

22

Brain Power

흥미로운 미션을 풀고
코딩을 위한 사고력도 길러보세요!

 아래 빈칸의 단어들을 조합하면 컴퓨터의 암호가 완성됩니다. 단서 와 같이,
배열된 그림 카드에서 규칙을 찾아 빈칸의 단어를 완성하고 그 뜻도 써보세요.

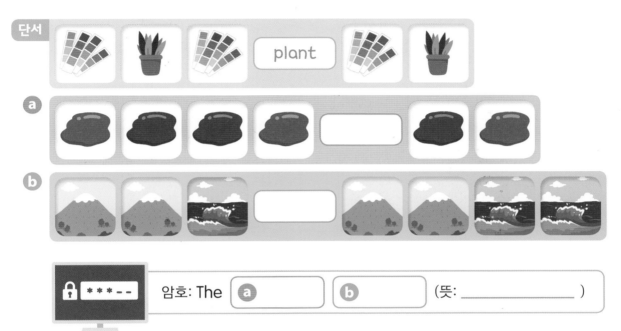

 다섯 명의 친구가 각자 한 가지씩 힌트를 주며 퀴즈를 내고 있습니다. 잘못된
힌트를 준 한 명의 친구에 ∨ 표시하고 알맞은 정답을 고르세요.

 This has air.

 This has mountains.

 This doesn't have animals.

 The sun shines on this.

 This doesn't have plants.

퀴즈의 정답은 the moon / the earth (이)야.

UNIT 03 음악

Beautiful Moonlight

Main Words QR코드를 이용하여 단어를 듣고, 따라 읽으며 한 번씩 써보세요.

listen 듣다

listen

moonlight 달빛, 월광

moonlight

musician 음악가

musician

poet 시인

poet

More Words QR코드를 이용하여 단어를 듣고, 따라 읽으며 한 번씩 써보세요.

write (음악을) 쓰다 참고 **wrote** write의 과거형

write

title 제목

title

sky 하늘

sky

under ~ 아래에

under

boat 배

boat

lake 호수

lake

24

Word Check

Main **Words** 선들을 따라 잇고, 각 그림에 알맞은 영어 단어를 써보세요.

1. _____
2. _____
3. _____
4. listen

More **Words** 각 단어들을 퍼즐에서 찾아 동그라미 치고, 단어를 나타내는 그림 스티커를 붙이세요.

1 boat

2 lake

Stick

3 under

Stick

h	i	l	d	e	b	d	r
i	d	s	l	i	o	i	a
e	l	t	r	l	a	k	e
k	i	p	y	e	t	r	b
t	r	k	c	c	l	t	y
o	s	r	w	r	i	t	e
n	u	n	d	e	r	i	t
e	u	l	s	o	l	a	p

4 write

Stick

5 title

Stick

6 sky

Stick

지문을 듣고
따라 읽어보세요.

음악을 듣고 읽으면
재미가 두 배!

Beautiful Moonlight

Listen to the *Moonlight *Sonata*.

Beethoven wrote this music.
베토벤

He was a **musician**.

He was very famous.

*sonata 소나타(한 개 또는 두 개의 악기로 연주하도록
만들어진 곡으로 여러 악장으로 구성됨)

Moonlight Sonata was not its first title.

A **poet** listened to it.

And he imagined something.

Pattern Check

위 글에서 아래 패턴을 찾아 □ 표시하세요.

아래 예문을 큰 소리로 따라 읽어보세요.

He was ~.
그는 ~었습니다.

He was happy.
그는 행복했었습니다.

He was a poet.
그는 시인이었습니다.

26

In the night sky, the moon was shining.

Under the moonlight, there was a boat on a lake.

People liked his idea.

So the title became the *Moonlight Sonata*.

처음부터 <월광 소나타>는 아니었다고?

베토벤은 <엘리제를 위하여>, <운명> 등의 명곡을 남긴 독일의 음악가예요. 이야기에 나오는 이 곡은 그가 연인에게 바치려 즉흥적으로 만든 곡으로, 처음에는 <환상곡 풍의 소나타>라고 불렀어요. 그가 죽고 약 5년 뒤, 시인 루트비히 렐슈타프가 이 음악을 듣게 되었는데요. 그는 이 음악이 호수에 비친 달빛을 떠올린다고 해서 <월광 소나타>라고 부르기 시작했답니다.

1 무엇에 관한 이야기인가요?

1 a musician and a poet   **2** a boat on a lake   **3** the *Moonlight Sonata*

2 문장을 읽고 맞으면 O, 틀리면 X에 V 표시하세요.

	O	X
a Beethoven was a famous poet.	☐	☐
b Beethoven wrote the *Moonlight Sonata*.	☐	☐

Graphic Organizer 보기에서 알맞은 말을 골라 빈칸을 완성하세요.

보기   moon   *Moonlight Sonata*   lake   moonlight

What did you listen to?

I listened to Beethoven's music.

What did you imagine?

The _____ was shining.
Under the _____, there was a boat on a _____.
So the title became the _____.

Brain Power

흥미로운 미션을 풀고
코딩을 위한 사고력도 길러보세요!

1 추상화 사고력 구멍이 뚫린 색종이 두 장을 겹쳐 오른쪽 표에 올렸을 때 보이는 알파벳을 조합
하여 단어를 만들고 그 뜻을 써보세요. (스티커로 필요 없는 알파벳을 가려보세요.)

a

p	o	u	w
m	t	l	o
s	e	k	r

단어: _____

뜻: _____

b

a	u	n	s
e	b	t	c
s	i	o	l

단어: _____

뜻: _____

2 문제 해결력 누군가 컴퓨터 비밀번호를 바꾸고 암호문만 남긴 채 사라졌습니다. 암호문을
해독한 후 색깔대로 배열하여 문장을 완성하고 그 뜻도 써보세요.

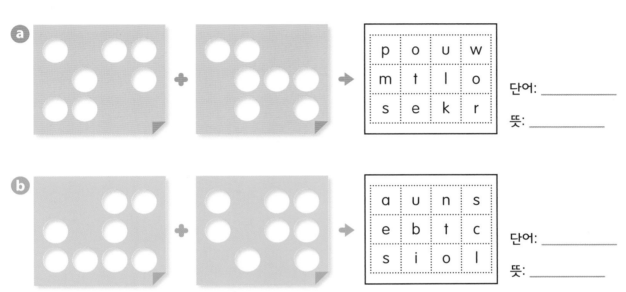

→ Beethoven

→ 뜻: _____

Two Different Moons

Main Words QR코드를 이용하여 단어를 듣고, 따라 읽으며 한 번씩 써보세요.

sphere 구

sphere

circle 원

circle

shape 모양, 도형

shape

degree (각도의) 도

degree

semicircle 반원

semicircle

More Words QR코드를 이용하여 단어를 듣고, 따라 읽으며 한 번씩 써보세요.

ball 공

ball

clock 시계

clock

slice (얇은) 조각

slice

rainbow 무지개

rainbow

magical 신기한

magical

Word Check

Main **Words** 그림을 보고 빈칸에 알맞은 알파벳을 보기 에서 골라 단어를 완성하고, 알맞은 뜻의 스티커를 붙여 보세요.

보기   h   c   +   m   s   +   p   e   r   g

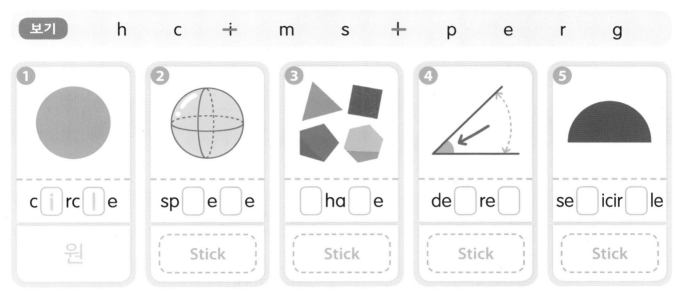

1. c [i] rc [l] e — 원
2. sp [ ] e [ ] e — Stick
3. [ ] ha [ ] e — Stick
4. de [ ] re [ ] — Stick
5. se [ ] icir [ ] le — Stick

More **Words** 각 그림에 맞는 단어와 뜻을 연결해 보세요.

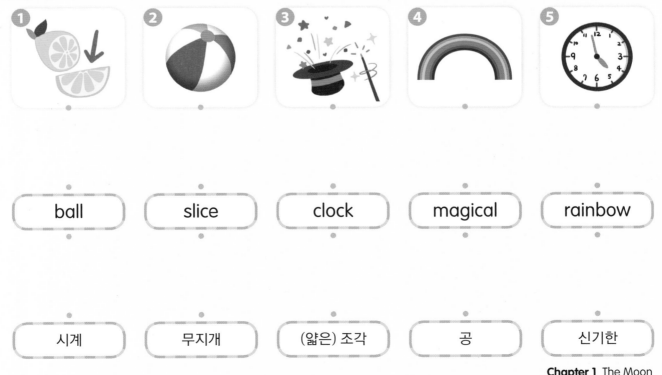

| ball | slice | clock | magical | rainbow |

| 시계 | 무지개 | (얇은) 조각 | 공 | 신기한 |

Two Different Moons

The moon is a sphere, like a ball.

But look at the full moon.

It looks like a circle.

What is a circle?

It is a round shape, like a clock or a pizza.

It has 360 degrees.

Pattern Check

위 글에서 아래 패턴을 찾아 □ 표시하세요.

It looks like ~.
그것은 ~처럼 보입니다.

아래 예문을 큰 소리로 따라 읽어보세요.

It looks like a bird.
그것은 새처럼 보입니다.

It looks like a ball.
그것은 공처럼 보입니다.

How about the half-moon?

It looks like a semicircle.

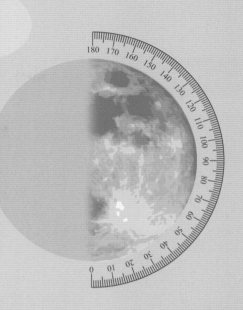

A semicircle looks like a lemon slice or a rainbow.

It has 180 degrees.

The moon is magical!

매일 매일 변신하는 달

달은 스스로 빛을 내지 않지만, 태양의 빛을 받아서 빛나 보여요. 우리는 달이 태양의 빛을 받는 부분만 볼 수 있는데 달은 매일 지구 주변을 돌기 때문에 달의 모양이 매일 달라 보인답니다. 예를 들어 태양이 달의 뒤쪽에 있을 때는 달이 잘 보이지 않지만, 매일 조금씩 커져서 음력 15, 16일쯤에 동그란 보름달이 되었다가 다시 조금씩 작아져요.

Story Check

1 무엇에 관한 이야기인가요?

① the shapes of the moon **②** a ball and a rainbow

③ the degrees in a circle

2 문장을 읽고 맞으면 O, 틀리면 X에 ∨ 표시하세요.

	O	X
ⓐ The moon is a sphere, like a ball.	☐	☐
ⓑ The full moon looks like a semicircle.	☐	☐

Graphic Organizer 보기 에서 알맞은 말을 골라 빈칸을 완성하세요.

보기　　clock　　　slice　　　180　　　rainbow　　　360

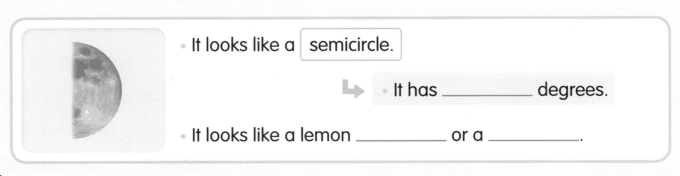

- It looks like a circle.
  - ⤷ It has _____ degrees.
- It is round like a _____ or a pizza.

- It looks like a semicircle.
  - ⤷ It has _____ degrees.
- It looks like a lemon _____ or a _____.

Brain Power

흥미로운 미션을 풀고
코딩을 위한 사고력도 길러보세요!

 1 절차적 사고력 마법 상자에 알파벳 카드를 넣으면 특정 규칙에 따라 다른 카드로 바뀌어 나옵니다. 단서 를 참고하여 바뀐 알파벳을 쓰고 완성된 단어의 뜻도 써보세요.

단서

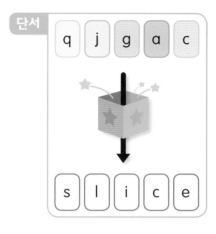

q j g a c → s l i c e

a q f y n c

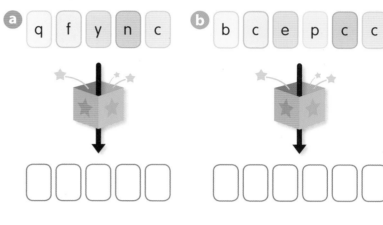

b b c e p c c

뜻: _____

뜻: _____

뜻: _____

 2 추상화 사고력 아래 교실에서 circle과 semicircle을 모두 찾아 그 개수와 각 숫자를 더한 값을 써보세요.

circle (_____ 개) + semicircle (_____ 개) = 총 _____ 개

Wrap UP!

Unit 01 보기 에서 알맞은 말을 골라 빈칸을 완성해보세요.

보기　　　wish　　　half-moon　　　full moon　　　~~songpyeon~~

Traditional Things for Chuseok

1

We make __songpyeon__ .

It looks like a _____ .

2

At night, we look at the _____ .

And we make a _____ .

기억이 안 난다면? 12쪽으로 이동하세요.

Unit 02 아래 그림의 각 부분에 알맞은 단어를 보기 에서 찾아 써보세요.

보기　　　ocean　　　~~sun~~　　　mountain　　　shine　　　plant

1 sun

2

3

4

5

기억이 안 난다면? 18쪽으로 이동하세요.

Unit 03 우리말에 맞게 빈칸에 알맞은 영단어를 쓰고, 오른쪽의 퍼즐도 완성해보세요.

❶ [Listen] to the music.

그 음악을 들어봐.

❷ There was a boat on a [   ].

호수 위에 배가 있었다.

❸ He was a [   ].

그는 음악가였다.

❹ A [   ] imagined something.

시인은 무언가를 상상했다.

기억이 안 난다면? 24쪽으로 이동하세요.

Unit 04 그림에 관한 설명이 되도록 빈칸에 빠진 알파벳을 보기 에서 찾아 써보세요.

| 보기 | ~~ere~~ | emi | egree | ape |

❶

The moon is a sph_ere_.

❷

It is a round sh_____.

❸

It has 360 d_____s.

❹

It looks like a s_____circle.

기억이 안 난다면? 30쪽으로 이동하세요.

무당벌레가 숫자 1부터 10까지 차례대로 지나 도착 까지 가는 길을 찾아 보세요.

출발		2	3	10	8	10
		1	2	4	3	9
7	5	4	3	1	2	7
1	3	5	10	1	4	6
9	7	6	2	5	10	4
7	2	7	4	6	도착	
1	3	8	9	10		

38

토끼가 숫자 1부터 10까지 차례대로 지나 도착 까지 가는 길을
찾아 보세요.

출발		2	3	4	1	10
		4	1	9	3	7
2	1	2	5	8	2	1
3	7	3	4	7	8	9
9	7	6	5	6	4	10
10	2	7	4	6	도착	
1	3	5	9	10		

Chapter 2 Family

 여러분에게 가족은 어떤 의미인가요? 가족은 한 집에서 같이 사는 사람이자 작은 사회를 나타내기도 해요. 우리는 가족들과 함께 지내며 사회성을 기르기도 하고 부모님으로부터 올바른 예절을 배우기도 한답니다. 이번 Chapter에서는 가족에 관한 다양한 이야기를 알아봅시다.

사회 UNIT 01
Small Family, Large Family

UNIT 02 실과
We Work Together

미술 UNIT 03
Van Gogh's Special Family

UNIT 04 수학
Happy Birthday!

Chapter Q　　How many people are there in your family?

Q Do you live with your grandparents? Yes ☐ No ☐

Small Family, Large Family

Main Words QR코드를 이용하여 단어를 듣고, 따라 읽으며 한 번씩 써보세요.

small family 소가족

small family

parents 부모

parents

only child 외동

only child

grandparents 할아버지와 할머니 (조부모)

grandparents

large family 대가족

large family

More Words QR코드를 이용하여 단어를 듣고, 따라 읽으며 한 번씩 써보세요.

call 전화하다

call

visit 방문하다

visit

work 일하다

work

weekday 평일

weekday

take care of ~을 돌보다

take care of

Word Check

Main Words 선들을 따라 잇고, 각 그림에 알맞은 영어 단어를 써보세요.

More Words 각 단어들을 퍼즐에서 찾아 동그라미 치고, 단어를 나타내는 그림 스티커를 붙이세요.

1 call

2 work

Stick

3 take care of

Stick

t	i	s	d	t	b	d	r
a	c	v	i	s	i	t	a
k	i	t	r	l	a	c	u
e	w	e	e	k	d	a	y
c	o	d	t	c	t	l	w
a	r	a	w	l	i	l	e
r	k	n	d	e	r	i	t
e	u	l	s	o	l	a	p
o	w	o	k	i	s	e	e
f	c	a	v	w	k	l	l

4 visit

Stick

5 weekday

Stick

지문을 듣고
따라 읽어보세요.

Nate and Somi's Family

Here are two different families.

--- Nate

Nate's Small Family

I live with my parents.

I'm an only child.

I don't live with my grandparents.

But I call them often.

Sometimes they visit my house.

Pattern Check

위 글에서 아래 패턴을 찾아 ☐ 표시하세요.

I live with ~.
저는 ~와 함께 삽니다.

아래 예문을 큰 소리로 따라 읽어보세요.

I live with my grandma.
저는 할머니와 함께 삽니다.

I live with my parents and my dog.
저는 부모님 그리고 강아지와 함께 삽니다.

44

Somi

Somi's Large Family

I live with my parents and younger brother.

I also live with my grandparents.

My parents work every weekday.

So my grandparents take care of me and my brother.

We are a big, happy family.

혼자도 가족인가요?

부모님과 자녀들만이 사는 소가족이나 여러 세대가 함께 사는 대가족만 가족이 아니에요.
결혼은 했지만 아이를 낳지 않고 부부끼리만 사는 '딩크족', 결혼하지 않고 혼자 사는 '1인
(독신) 가족', 서로 다른 국적이나 인종을 지닌 사람들로 구성된 '다문화 가족' 등 다양한
형태의 가족들도 있어요.

1 무엇에 관한 이야기인가요?

① Nate's parents   **②** Somi's grandparents   **③** two different families

2 문장을 읽고 맞으면 O, <u>틀리면</u> X에 √ 표시하세요.

	O	X
ⓐ Nate calls his grandparents often.	☐	☐
ⓑ Somi's grandparents work every weekday.	☐	☐

Graphic Organizer 보기 에서 알맞은 말을 골라 빈칸을 완성하세요.

보기   small   large   grandparents   parents   only child

Nate...
→ is an _____.
→ lives with his _____.
→ has a _____ family.

Somi...
→ lives with her _____, parents, and younger brother.
→ has a _____ family.

Brain Power

흥미로운 미션을 풀고
코딩을 위한 사고력도 길러보세요!

1 절차적 사고력

알파벳과 숫자가 적힌 카드가 흩어져 있습니다. 그리고 일부 카드에는 얼룩이 숫자를 가리고 있습니다. 단서 를 참고하여 규칙을 찾고 암호를 풀어보세요.

단서

r   k 4
o 2   w 1

단어: __work__

뜻: __일하다__

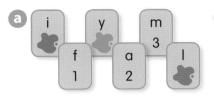

a   i   y   m 3   l
    f 1   a 2   l

단어: _____

뜻: _____

b   a 2   t   s   n
    e 4   p 1   r

단어: _____

뜻: _____

2 논리적 사고력

세 친구가 각자의 가족을 소개하고 있습니다. 아래 단서 와 친구들이 하는 말을 참고하여 빈칸에 알맞은 이름과 숫자를 써보세요.

단서1

Momo의 가족

parents, one brother

단서2

Minju의 가족

parents, grandparents

단서3

Dana의 가족

parents, grandparents,
two brothers

a
I'm [   ]. There are [ ] people in my family. I have a large family.

b
I'm [   ]. There are 4 people in my family. I have a small family.

c
I'm [   ]. There are [ ] people in my family. I'm an only child.

Q Do you do housework at home? Yes ☐ No ☐

We Work Together

Main Words QR코드를 이용하여 단어를 듣고, 따라 읽으며 한 번씩 써보세요.

share 함께 쓰다; *(일을) 함께 하다

share

housework 집안일

housework

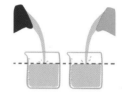

equally 똑같이

equally

cook 요리하다

cook

clean 깨끗한; *청소하다

clean

More Words QR코드를 이용하여 단어를 듣고, 따라 읽으며 한 번씩 써보세요.

dinner 저녁 식사

dinner

wonderful 훌륭한

wonderful

window 창문

window

dish 그릇

dish

each other 서로

each other

Main Words 그림을 보고 빈칸에 알맞은 알파벳을 보기 에서 골라 단어를 완성하고, 알맞은 뜻의 스티커를 붙여 보세요.

보기   l   o   u   q   k   h   n   r   y   w

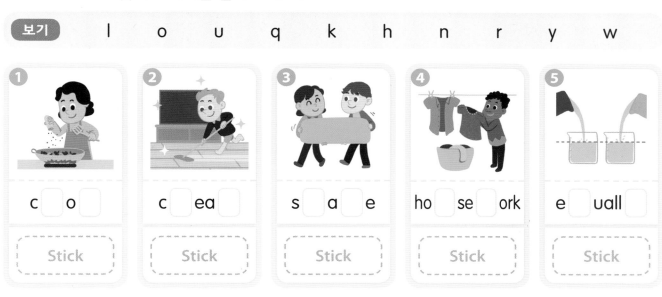

1. c [ ] o [ ]

   Stick

2. c [ ] ea [ ]

   Stick

3. s [ ] a [ ] e

   Stick

4. ho [ ] se [ ] ork

   Stick

5. e [ ] uall [ ]

   Stick

More Words 각 그림에 맞는 단어와 뜻을 연결해 보세요.

1.   2.   3.   4.   5.

dinner   dish   wonderful   window   each other

그릇   서로   창문   저녁 식사   훌륭한

지문을 듣고
따라 읽어보세요.

We Work Together

My family shares the housework equally.

My dad usually makes dinner.

He is good at cooking.

Tim

Today he made pasta for dinner.

It was wonderful.

Pattern Check

위 글에서 아래 패턴을 찾아 □ 표시하세요.

He/She is good at ~.

그/그녀는 ~을 잘합니다.

아래 예문을 큰 소리로 따라 읽어보세요.

He is good at math.
그는 수학을 잘합니다.

She is good at swimming.
그녀는 수영을 잘합니다.

50

My mom usually cleans the house.

She is good at cleaning.

Today she cleaned the windows.

My sister and I usually wash the dishes.

Today we washed the dishes after dinner.

My family loves each other.

So we work together!

우리 집 집안일은 누구의 몫일까요?
집안일은 '가족의 편안하고 안락한 생활을 위해 집에서 해야 하는 일'이에요. 보통 식사
준비, 청소, 빨래, 장보기 등이 있어요. 집안일은 해야 할 사람이 따로 정해진 게 아니라,
가족 모두가 역할을 나눠서 하는 것이 중요해요. 아침에 이불을 정리하고, 오늘 신은 양말을
빨래 바구니에 넣는 것도 작지만 쉽게 실천할 수 있는 집안일이에요.

1 무엇에 관한 이야기인가요?

① making wonderful pasta　　② sharing housework

③ having dinner together

2 문장을 읽고 맞으면 O, <u>틀리면</u> X에 ∨ 표시하세요.

	O	X
ⓐ Tim's mom made pasta for dinner.	☐	☐
ⓑ Tim and Tim's sister washed the dishes after dinner.	☐	☐

Graphic Organizer 보기에서 알맞은 말을 골라 빈칸을 완성하세요.

| 보기 | share | cooking | equally | cleaning | dishes |

I'm good at _____.

I'm good at _____.

We usually wash the _____.

We _____ the housework _____.

Brain Power

흥미로운 미션을 풀고
코딩을 위한 사고력도 길러보세요!

엄마가 휴대폰으로 아래와 같은 메시지를 보내셨습니다. 왼쪽의 휴대폰 키패드와 **단서** 를 참고하여 메시지를 해석해 보세요.

단서

3444777744

DISH ➡ 그릇

22255533266 84433
4466688777733

➡

다음 **힌트** 를 읽고, 집안일 담당자표의 빈칸에 알맞은 이름을 써보세요.

힌트

Every day we share the housework equally.

Anna

I clean the house three times a week.

Josh

I cook three times a week.

Tom

집안일 담당자표	월	화	수	목	금
cleaning the house	Tom	Josh		Anna	Josh
washing the dishes	Josh		Tom	Josh	Anna
cooking	Anna	Tom		Tom	

Q Have you heard of Van Gogh? Yes ☐ No ☐

Van Gogh's Special Family

Main Words QR코드를 이용하여 단어를 듣고, 따라 읽으며 한 번씩 써보세요.

paint (그림을) 그리다

paint

portrait 초상화

portrait

model 모델; *모델이 되다

model

practice 연습하다

practice

More Words QR코드를 이용하여 단어를 듣고, 따라 읽으며 한 번씩 써보세요.

special 특별한

special

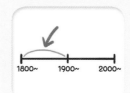

century 세기(100년)

century

for free 무료로

for free

close (문을) 닫다; *가까운

close

feel (감정을) 느끼다

feel

Word Check

Main **Words** 선들을 따라 잇고, 각 그림에 알맞은 영어 단어를 써보세요.

1.
2.
3.
4.

More **Words** 각 단어들을 퍼즐에서 찾아 동그라미 치고, 단어를 나타내는 그림 스티커를 붙이세요.

1. feel

2. for free

Stick

3. close

Stick

f	s	s	d	t	b	s	t
o	i	p	f	s	p	o	a
r	i	f	e	e	l	k	c
f	c	e	p	c	d	a	y
r	l	e	x	a	i	t	w
e	o	r	w	l	i	a	e
e	s	i	d	e	r	c	l
c	e	n	t	u	r	y	p

4. special

Stick

5. century

Stick

지문을 듣고
따라 읽어보세요.

Van Gogh's Special Family

반 고흐

Van Gogh was a famous 19th-century artist.

반 고흐

He painted many great portraits.

He often painted the Roulin family.

룰랭

Every family member modeled

for him for free.

So he could practice painting.

우체부 조셉 룰랭

Pattern Check

위 글에서 아래 패턴을 찾아 □ 표시하세요.

He could ~.

그는 ~(할) 수 있었습니다.

아래 예문을 큰 소리로 따라 읽어보세요.

He could play the violin.

그는 바이올린을 연주할 수 있었습니다.

He could make pasta.

그는 파스타를 만들 수 있었습니다.

큰아들, 아르망 룰랭

룰랭 부인

One day, Van Gogh was sick.

The Roulin family took care of him at the hospital.

They were very close to him.

작은 아들, 카미유 룰랭

They were not Van Gogh's real family.

But he could feel their love for him.

아기, 마르셀 룰랭

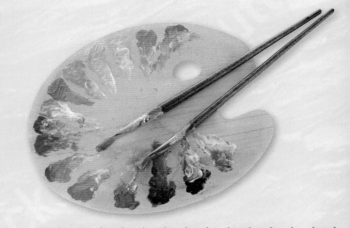

진짜 가족이 아니어도 괜찮아
룰랭 가족에는 우체부 조셉 룰랭과, 그의 아내 그리고 세 자녀가 있었어요. 이 가족은 고흐의 모델이 되어주기도 했고, 그를 가족처럼 잘 챙겨주었죠. 그래서 혼자 살던 고흐에게 많은 의지가 되었답니다. 고흐가 자신의 귀를 잘라 병원에 입원했을 때도 룰랭 가족이 그의 곁을 지켰다고 합니다. 고흐에게 룰랭 가족은 가족 그 이상의 존재였던 것 같죠?

1 무엇에 관한 이야기인가요?

① Van Gogh's real family

② 19th-century artists

③ the Roulin family and Van Gogh

2 문장을 읽고 맞으면 O, <u>틀리면</u> X에 ∨ 표시하세요.

	O	X
a Van Gogh modeled for the Roulin Family.	☐	☐
b The Roulin family was very close to Van Gogh.	☐	☐

Graphic Organizer 보기 에서 알맞은 말을 골라 빈칸을 완성하세요.

보기   painted   hospital   artist   close   modeled

Van Gogh ...

• was a famous 19th-century _____.

• _____ many great portraits.

The Roulin Family ...

• _____ for Van Gogh.

• took care of Van Gogh at the _____.

• was _____ to Van Gogh.

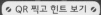

Brain Power

흥미로운 미션을 풀고
코딩을 위한 사고력도 길러보세요!

1 절차적 사고력 미로를 빠져나오려면 제시된 **단서**를 따라야 합니다. 미로를 탈출하고 완성된 단어와 그 뜻을 써보세요.

단서 X를 제외한 모든 칸을 꼭 한 번씩만 지나면서, 알파벳을 순서대로 연결하라.

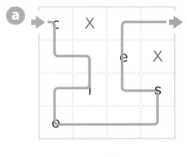

ⓐ

단어: close

뜻: _____

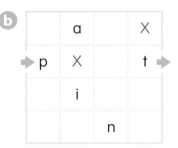

ⓑ

단어: _____

뜻: _____

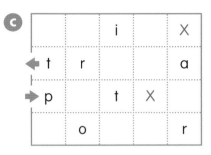

ⓒ

단어: _____

뜻: _____

2 논리적 사고력 한 미술관은 매일 특정 규칙에 따라 그림의 위치를 바꿔서 전시합니다. 규칙을 찾아 마지막 빈칸 ⓐ~ⓒ에 해당하는 그림과 문장을 스티커로 붙여보세요.

The Roulin Family - by Van Gogh

ⓐ Stick

ⓑ Stick

ⓒ Stick

UNIT 04 수학

When is your birthday?

Happy Birthday!

Main**Words** QR코드를 이용하여 단어를 듣고, 따라 읽으며 한 번씩 써보세요.

birthday 생일

birthday

year 년; *~세(나이)

year

candle 양초

candle

aunt 이모, 고모

aunt

More**Words** QR코드를 이용하여 단어를 듣고, 따라 읽으며 한 번씩 써보세요.

yummy 맛있는

yummy

mean 의미하다

mean

short 짧은

short

understand 이해하다

understand

weekend 주말

weekend

Word Check

Main Words 그림을 보고 빈칸에 알맞은 알파벳을 보기 에서 골라 단어를 완성하고, 알맞은 뜻의 스티커를 붙여 보세요.

보기   r   d   t   e   c   i   y   u

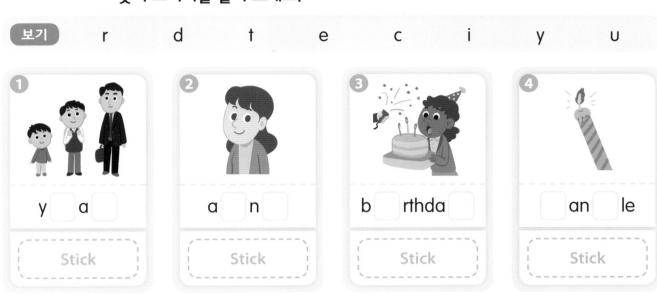

1. y [ ] a [ ]

Stick

2. a [ ] n [ ]

Stick

3. b [ ] rthda [ ]

Stick

4. an [ ] le

Stick

More Words 각 그림에 맞는 단어와 뜻을 연결해 보세요.

| short | mean | yummy | weekend | understand |

| 맛있는 | 주말 | 짧은 | 이해하다 | 의미하다 |

지문을 듣고
따라 읽어보세요.

Grandpa's Birthday

Mom
This cake is for Grandpa's birthday party.

Sejin
The cake looks yummy.

Wait. Grandpa is 64 years old.

But there are only ten candles.

We need more candles!

Pattern Check

위 글에서 아래 패턴을 찾아 □ 표시하세요.

We need ~.
우리는 ~이 필요합니다.

아래 예문을 큰 소리로 따라 읽어보세요.

We need help.
우리는 도움이 필요합니다.

We need a table.
우리는 탁자가 필요합니다.

10 years

1 year

Mom

A long candle means ten years.

And a short candle means one year.

So six long candles and four short candles

mean 64 years!

Sejin

Now I understand.

Next weekend is Aunt Mary's birthday.

We need three long candles

and six short candles!

🔍 **생일 케이크에는 왜 초를 꽂을까?**

생일 케이크에 초를 꽂는 건 아주 오래전 독일 사람들이 시작했다고 해요. 독일 사람들은 아이의 생일날 아침에 케이크에 초를 꽂고 저녁까지 밝혀 두었대요. 그리고 저녁을 먹은 후 가족이 함께 케이크를 먹었다고 하네요. 특히 아이의 나이보다 하나 더 많은 초를 꽂아두었는데요. 바로 부모가 자신의 아이가 오래 살길 바랐기 때문이래요.

Story Check

1 무엇에 관한 이야기인가요?

① Sejin's birthday

② Grandpa's birthday party

③ ten short candles

2 문장을 읽고 맞으면 O, <u>틀리면</u> X에 ∨ 표시하세요.

	O	X
ⓐ The cake is for Sejin's aunt, Mary.	☐	☐
ⓑ There are 10 candles for Grandpa's birthday cake.	☐	☐

Graphic Organizer 보기 에서 알맞은 말을 골라 빈칸을 완성하세요.

보기   years   long   cake   short

Grandpa's Birthday Party

할아버지의 생신 케이크에 초를 그려보세요.

This _____ is for Grandpa.

Grandpa is 64 _____ old.

One _____ candle means ten years.

And one _____ candle means one year.

64

QR 찍고 힌트 보기

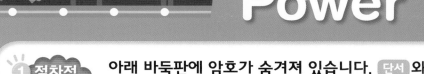
Brain Power

흥미로운 미션을 풀고
코딩을 위한 사고력도 길러보세요!

C B A

---

1 절차적 사고력 아래 바둑판에 암호가 숨겨져 있습니다. 단서 와 같이 칸을 칠해서 나온 알파벳을 조합한 단어와 그 뜻을 써보세요.

단서

	1	2	3	4	5
1	b	a	y	d	c
2	l	s	u	a	y
3	i	u	r	e	j
4	k	p	w	i	m
5	z	h	m	u	l
6	q	n	x	y	v

3X1	2X3
5X4	3X5
4X6	

단어: yummy

뜻: 맛있는

	1	2	3	4	5
1	s	o	r	c	d
2	a	y	t	x	z
3	p	u	n	v	e
4	c	k	l	j	d
5	b	l	o	t	n
6	r	i	e	v	p

4X1	1X2
3X3	5X4
2X5	3X6

단어: _____

뜻: _____

---

2 문제 해결력 친구들을 위한 생일 케이크를 준비해야 합니다. 힌트 를 참고하여 친구들의 나이에 맞는 생일 케이크 스티커를 찾아 붙이고 나이를 숫자로 써보세요.

힌트 Suji의 나이＝Minho의 나이   Jane의 나이＝Tom의 나이+4

a Jane   Stick

Jane is _____ years old.

b Minho   Stick

Minho is _____ years old.

c Suji   Stick

Suji is _____ years old.

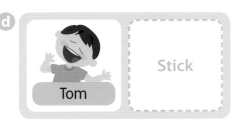
d Tom   Stick

Tom is _____ years old.

Wrap UP!

Unit 01 아래 그림의 각 부분에 알맞은 단어를 [보기] 에서 골라 뜻과 함께 써보세요.

[보기]   large family   grandparents   ~~parents~~   only child

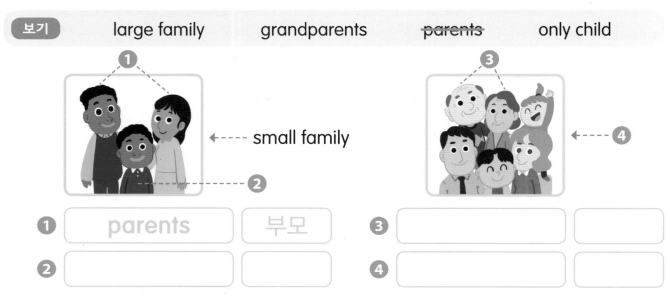

← - - - small family

① [parents]   [부모]   ③ [   ]   [   ]

② [   ]   [   ]   ④ [   ]   [   ]

기억이 안 난다면? 42쪽으로 이동하세요.

Unit 02 단어들의 빈칸에 같은 알파벳이 들어가는 것을 찾아 이어보고, 빈칸을 채워 단어를 완성하세요.

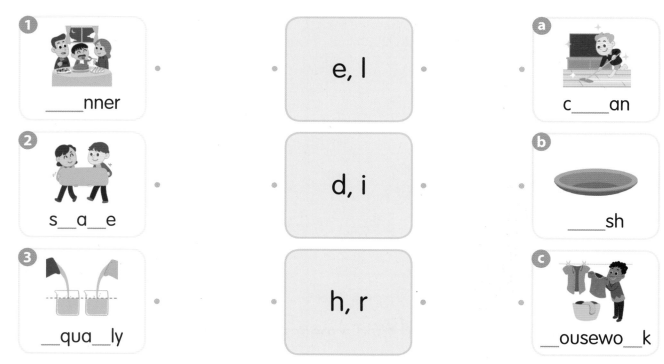

① ____nner

② s__a__e

③ __qua__ly

e, l

d, i

h, r

ⓐ c____an

ⓑ ____sh

ⓒ __ousewo__k

기억이 안 난다면? 48쪽으로 이동하세요.

Unit 03 보기 에서 알맞은 말을 골라, 반 고흐를 소개하는 글의 빈칸을 완성하세요.

보기   feel   close   painted   modeled

Van Gogh

I often _____ the Roulin family.

Every family member _____ for me.

They were very _____ to me.

I could _____ their love for me.

기억이 안 난다면? 54쪽으로 이동하세요.

Unit 04 빈칸에 알맞은 숫자를 써서 각 문장을 완성하고 케이크 위에 길고 짧은 초를 그려보세요.

Grandpa's birthday cake	Aunt Mary's birthday cake
My grandpa is 64 years old.	My aunt is 36 years old.
So I need ☐ long candles	So I need ☐ long candles
and ☐ short candles.	and ☐ short candles.

Why?   One long candle means ☐ years.

And one short candle means ☐ year.

기억이 안 난다면? 60쪽으로 이동하세요.

다음과 같이 종이를 잘랐을 때 나올 수 있는 모양을 골라보세요.

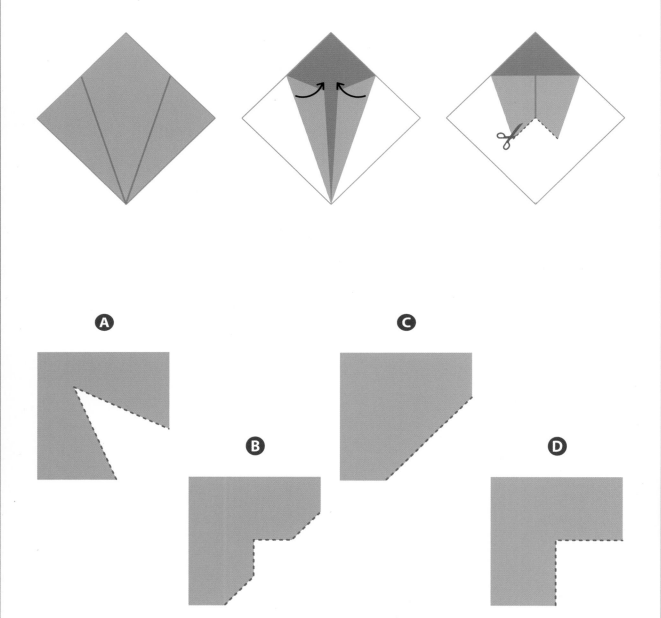

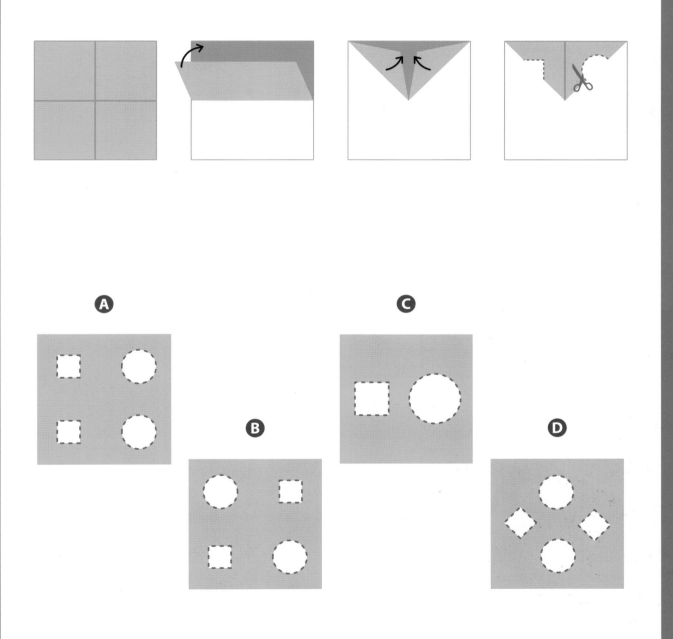

Chapter 3 Food

우리가 먹는 음식은 어디에서 오는 걸까요? 그리고 어떻게 만들어지나요? 음식에는 많은 과학 원리와 수학 원리가 숨어 있어요. 그리고 예술가들이 사랑한 음식은 멋진 예술품으로 탄생하기도 한답니다. 이번 Chapter에서 음식과 관련된 다양한 이야기를 함께 알아볼까요?

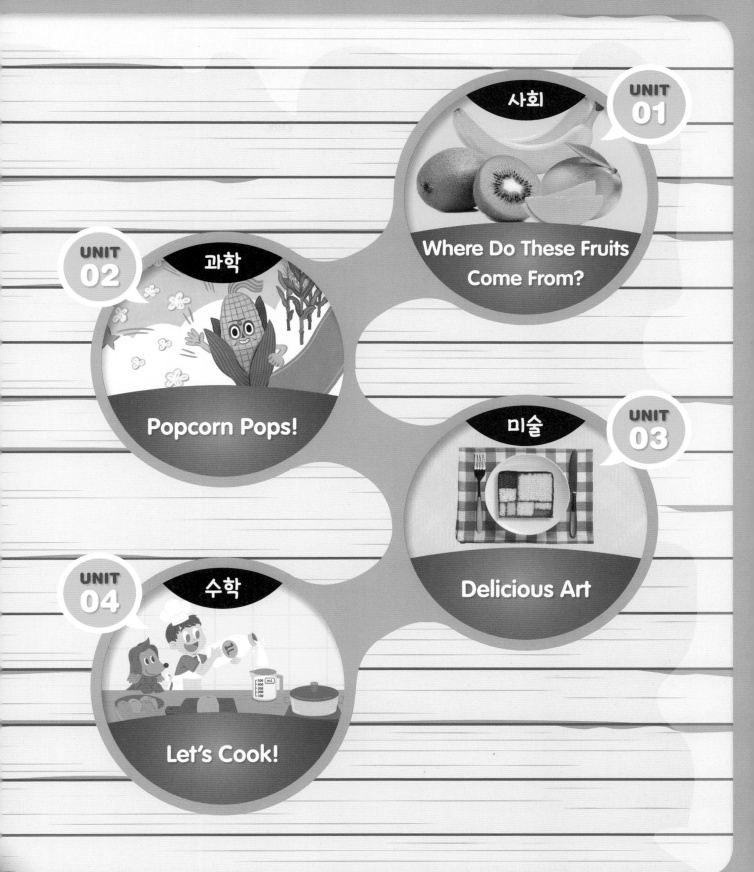

Chapter Q   **What is your favorite food?**

Q What fruits do you like?

Where Do These Fruits Come From?

Main Words QR코드를 이용하여 단어를 듣고, 따라 읽으며 한 번씩 써보세요.

fruit 과일

fruit

grow 재배하다

grow

travel 여행하다; *이동하다

travel

ship 배

ship

airplane 비행기

airplane

More Words QR코드를 이용하여 단어를 듣고, 따라 읽으며 한 번씩 써보세요.

kiwi 키위

kiwi

mango 망고

mango

banana 바나나

banana

country 나라

country

enough (of) 충분한

enough of

72

Word Check

Main **Words** 선들을 따라 잇고, 각 그림에 알맞은 영어 단어를 써보세요.

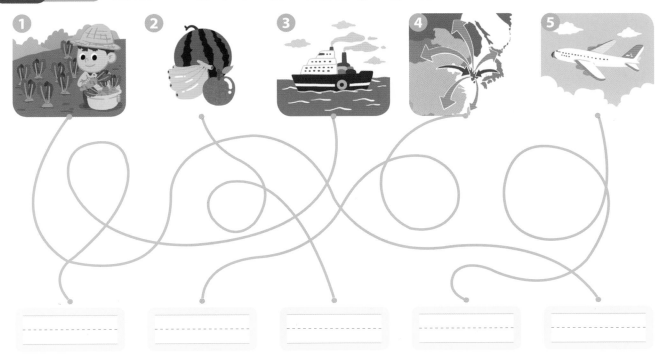

More **Words** 각 단어들을 퍼즐에서 찾아 동그라미 치고, 단어를 나타내는 그림 스티커를 붙이세요.

1 kiwi

2 banana

Stick

3 enough

Stick

c	s	s	d	t	b	c	e
w	o	p	f	s	p	o	n
o	k	u	n	a	n	g	o
k	i	w	n	c	d	o	u
p	w	e	x	t	g	t	g
b	i	r	w	n	r	a	h
b	a	n	a	n	a	y	l
c	e	m	t	u	r	y	p

4 mango

Stick

5 country

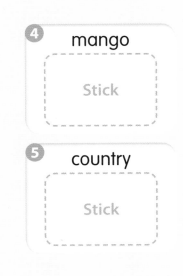

Stick

지문을 듣고
따라 읽어보세요.

Where Do These Fruits Come From?

Bom

Look, Dad!

The kiwis come from Chile.

The mangos come from Thailand.

The bananas come from Indonesia.

These fruits are from other countries.

Chile

Thailand

Indonesia

Pattern Check

위 글에서 아래 패턴을 찾아 □ 표시하세요.

A come from B.
A는 B에서 왔습니다.

아래 예문을 큰 소리로 따라 읽어보세요.

A: Where do they come from?
그들은 어디에서 왔나요?

B: They **come from** Korea.
그들은 한국에서 왔습니다.

74

Dad Yes, Bom.

Korea doesn't grow enough of those fruits.

So we get them from other countries.

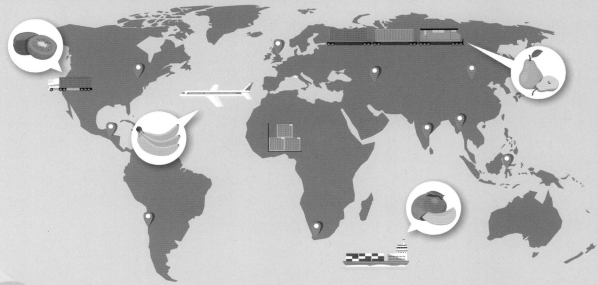

Bom How do the fruits come to Korea?

Dad They travel by ship or airplane.

Bom So we can have many different fruits every day!

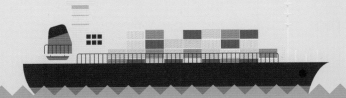

 너의 물건을 내 것과 바꾸지 않을래?
다른 나라에서 물건을 사오는 것을 '수입'이라고 하고 우리나라의 물건을 다른 나라에 파는 것을 '수출'이라고 해요. 예를 들어 A라는 나라에 쌀이 많이 생산되고 석유가 부족하다면, 남는 쌀을 수출하고 부족한 석유를 다른 나라에서 수입할 수 있겠죠? 그렇다면 우리나라는 어떤 것을 주로 해외로 수출할까요? 바로 반도체, 자동차, 전자 제품 등이랍니다.

1 무엇에 관한 이야기인가요?

① many fruits from Korea

② fruits from other countries

③ traveling by ship or airplane

2 문장을 읽고 맞으면 O, 틀리면 X에 ∨ 표시하세요.

	O	X
ⓐ Korea grows enough kiwis and mangos.		
ⓑ Kiwis, mangos, or bananas travel to Korea by ship.		

Graphic Organizer 보기 에서 알맞은 말을 골라 빈칸을 완성하세요.

보기   mangos   kiwis   travel   bananas   enough of

• Fruits from Other Countries •

Where?

The _____ come from Chile.

The _____ come from Thailand.

The _____ come from Indonesia.

Why?

Korea doesn't grow _____ those fruits.

How?

The fruits _____ by ship or airplane.

Brain Power

흥미로운 미션을 풀고
코딩을 위한 **사고력**도 길러보세요!

---

1 절차적 사고력 **단서**를 참고하여 세 개의 공이 최종적으로 위치할 칸에 O 표시하고 단어와 그 뜻을 써보세요.

단서

공은 방향대로 계속 움직이다가 벽이나 회색 장애물 앞에서 멈춰요.

		travel	airplane	Korea
banana		enough		Chile
mango	Thailand	grow		ship
	kiwi		fruit	country

 a ↓ → ↑

 b ← ↓ →

c ↑ → ↓

단어: _travel_

단어: _____

단어: _____

뜻: _____

뜻: _____

뜻: _____

---

2 문제 해결력 ★, ◆, ♥ 세 나라는 한 가지 과일만 기르며, 부족한 과일은 다른 나라에서 수입하고 있습니다. **힌트**를 읽고 아래 표의 빈칸과 문장을 완성하세요.

힌트

★ 나라: We only grow kiwis. We had 50 kiwis. We got 15 bananas from ♥.

◆ 나라: We only grow mangos. We had 50 mangos. We got 30 kiwis from ★.

♥ 나라: We only grow bananas. We had 50 bananas. We got 20 mangos from ◆.

	Kiwi	Mango	Banana
★ 나라		x	15개
◆ 나라			x
♥ 나라	x	20개	

현재 가장 많은 과일을 가진 나라는 (★ / ◆ / ♥)이다.

Popcorn Pops!

Main Words QR코드를 이용하여 단어를 듣고, 따라 읽으며 한 번씩 써보세요.

corn 옥수수

corn

gas 기체

gas

pressure 압력

pressure

pop 펑 하고 터지다

pop

More Words QR코드를 이용하여 단어를 듣고, 따라 읽으며 한 번씩 써보세요.

hard 단단한

hard

turn on ~을 켜다

turn on

stove (가스)레인지

stove

pan 얕은 냄비

pan

inside ~의 안에

inside

soft 부드러운

soft

Word Check

Main **Words** 그림을 보고 빈칸에 알맞은 알파벳을 보기 에서 골라 단어를 완성하고, 알맞은 뜻의 스티커를 붙여 보세요.

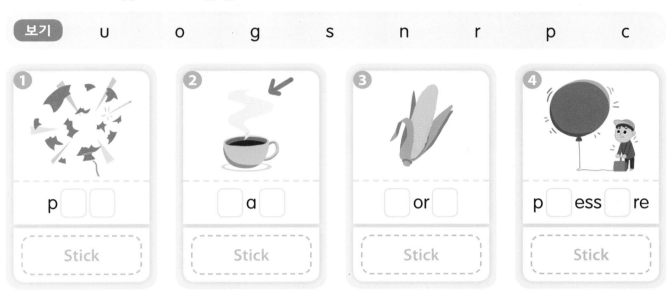

보기   u   o   g   s   n   r   p   c

1. p ☐ ☐   Stick
2. ☐ a ☐   Stick
3. ☐ or ☐   Stick
4. p ☐ ess ☐ re   Stick

More **Words** 각 그림에 맞는 단어와 뜻을 연결해 보세요.

| hard | soft | stove | inside | turn on |

| ~을 켜다 | 단단한 | (가스)레인지 | 부드러운 | ~의 안에 |

지문을 듣고
따라 읽어보세요.

Popcorn Pops!

Hello, I'm corn.

I'm too hard.

So you can't eat me.

But you can eat me soon.

Turn on the stove.

Put me in a pan.

Pattern Check

위 글에서 아래 패턴을 찾아 ☐ 표시하세요.

I became ~.

저는 ~해졌습니다.

저는 ~가 되었습니다.

아래 예문을 큰 소리로 따라 읽어보세요.

I became happy.

저는 행복해졌습니다.

I became her best friend.

저는 그녀의 가장 친한 친구가 되었습니다.

Now the pan is very hot.

The water inside me becomes gas.

But the gas can't get out!

Oh no! The pressure is very high.

I'm going to pop.

Look at me!

I became soft.

I became delicious popcorn!

뻥! 하고 터져야 제맛이지

여러 종류의 옥수수 중에서 '폭립종'이라는 옥수수만 팝콘으로 만들 수 있답니다. 이 옥수수는 껍질이 매우 딱딱하고 안에 수분이 많아요. 옥수수를 얕은 냄비에 넣고 튀기면 안에 있는 수분이 증발하면서 기체가 되는데, 껍질이 딱딱해서 그 기체가 빠져나올 수 없어요. 그래서 옥수수가 압력을 이기지 못하고 결국 '뻥!' 하고 터져서 팝콘이 된답니다.

Story Check

1 무엇에 관한 이야기인가요?

① eating hard corn　　**②** gas inside corn　　**③** making popcorn

2 문장을 읽고 맞으면 O, 틀리면 X에 ∨ 표시하세요.

	O	X
a Corn pops in a hot pan.	☐	☐
b Hard corn becomes soft popcorn.	☐	☐

Graphic Organizer 보기 에서 알맞은 말을 골라 빈칸을 완성하세요.

보기　　hot　　gas　　pressure　　pops　　pan

Turn on the stove. ➡ Put corn in a _____. ➡ The pan becomes _____.

The corn _____! ⬅ The _____ becomes high. ⬅ Water inside the corn becomes _____.

82

Brain Power

흥미로운 미션을 풀고
코딩을 위한 사고력도 길러보세요!

 **1 추상화 사고력** 하나의 공통점을 가진 그림들이 나열되어 있습니다. 단서 와 같이 제시된 그림들과 공통으로 관련된 영단어와 그 뜻을 써보세요.

단서

단어: ___corn___
뜻: ___옥수수___

a   　**b**

단어: _____　뜻: _____　단어: _____　뜻: _____

 **2 문제 해결력** 팝콘이 만들어지는 과정을 설명하려면 다음 단어 암호를 해독해야 합니다. 단서 를 참고하여 암호에서 단어를 찾아 빈칸에 써보세요.

단서
136
puarln
→ ___pan___

a
246
kgcapsb
→ _____

b
13579
sateoxvae
→ _____

c
24578
cwqatmero
→ _____

팝콘이 만들어지는 과정

 ＋  ＋

| corn | pan | |

↓

[___] inside corn becomes [___]

Delicious Art

Main Words QR코드를 이용하여 단어를 듣고, 따라 읽으며 한 번씩 써보세요.

taste 맛보다

taste

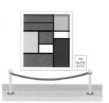

artwork 예술품

artwork

line 선

line

colorful 색채가 다양한

colorful

More Words QR코드를 이용하여 단어를 듣고, 따라 읽으며 한 번씩 써보세요.

enjoy 즐기다

enjoy

soup 수프

soup

popular 인기 있는

popular

baker 제빵사

baker

dessert 디저트, 후식

dessert

Word Check

Main Words 선들을 따라 잇고, 각 그림에 알맞은 영어 단어를 써보세요.

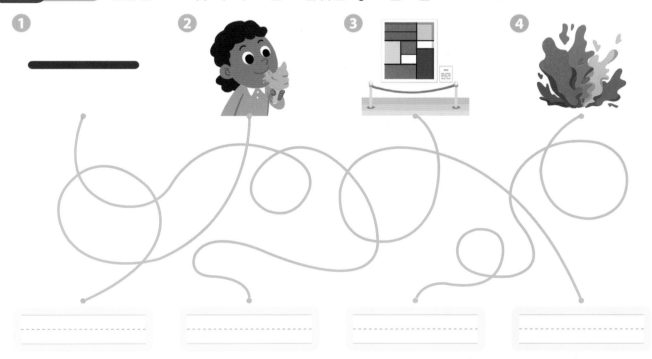

① ② ③ ④

More Words 각 단어들을 퍼즐에서 찾아 동그라미 치고, 단어를 나타내는 그림 스티커를 붙이세요.

① soup

② enjoy

Stick

③ baker

Stick

e	n	z	s	u	p	a	r
r	a	e	o	p	o	l	t
p	o	p	u	l	a	r	d
e	a	b	p	t	e	n	e
n	l	a	r	s	o	l	s
j	o	k	s	c	a	k	e
o	y	e	b	a	k	e	r
y	d	l	s	s	e	r	t

④ dessert

Stick

⑤ popular

Stick

지문을 듣고
따라 읽어보세요.

Food Becomes Art, Art Becomes Food

We can enjoy food.

And food can become art.

Americans enjoy this soup.

Andy Warhol also enjoyed it.
앤디   워홀

He painted a picture of the soup can.

The picture became popular.

Pattern Check

위 글에서 아래 패턴을 찾아 □ 표시하세요.

We can ~.
우리는 ~(할) 수 있습니다.

아래 예문을 큰 소리로 따라 읽어보세요.

We can help you.
우리는 당신을 도와줄 수 있습니다.

We can see a picture.
우리는 그림을 볼 수 있습니다.

Art can become food.

And we can taste art.

This is the **artwork** by Piet Mondrian.

피에트   몬드리안

He used **lines** and three colors.

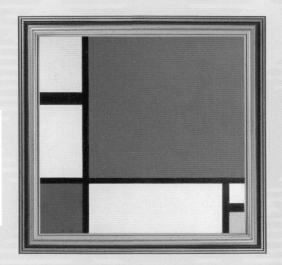

A baker got an idea from this picture.

And the picture became a **colorful** dessert.

그래서 이런 그림이 탄생했어요!
미국의 화가 **앤디 워홀**은 모든 사람이 미술을 즐기기를 원했어요. 그래서 <캠벨 수프 통조림>
처럼 대중적인 소재를 많이 그렸답니다. **피에트 몬드리안**은 네덜란드의 화가였어요. 그가
활동하던 시기에 사실적인 그림은 인기가 없었어요. 그래서 그는 이야기에 소개된 작품
<빨강, 파랑, 노랑의 구성>과 같이 사물의 기본적인 모습만 나타내는 추상화를 그렸답니다.

1 무엇에 관한 이야기인가요?

1 food and art   **2** enjoying soup   **3** colorful desserts

2 문장을 읽고 맞으면 O, 틀리면 X에 ∨ 표시하세요.

	O	X
a Andy Warhol's painting became a dessert.	☐	☐
b Piet Mondrian used lines and three colors in his picture.	☐	☐

Graphic Organizer 보기 에서 알맞은 말을 골라 빈칸을 완성하세요.

보기   colors   soup can   popular   dessert

Artist: Andy Warhol

- He painted a _____.
- His picture became _____.

Artist: Piet Mondrian

- He used three _____ in his picture.
- His picture became a colorful _____.

Brain Power

흥미로운 미션을 풀고
코딩을 위한 사고력도 길러보세요!

1 논리적 사고력

아래 세 개의 식을 풀면 자물쇠의 비밀번호가 완성됩니다. 단서 와 힌트 를 참고하여 빈칸을 완성하고 자물쇠 비밀번호를 입력해보세요.

단서

1	soup	2	artwork	3	enjoy
4	taste	5	line	6	colorful

힌트

시계 속에 답이 있네!

ⓐ 9+4 = [1]   단어: soup   뜻: _____

ⓑ 10+4 = [ ]   단어: _____   뜻: _____

ⓒ 11+5 = [ ]   단어: _____   뜻: _____

🔒 [1] [ ] [ ]

2 절차적 사고력

두 학생이 각자의 학교까지 가기 위해서는 출발 지점의 그림과 관련된 단어를 모두 따라가야 합니다. 동물들은 지나가지 않으면서, 학교로 가는 길을 찾아 선으로 이어보세요.

출발	three lines			
lines	three colors	🐄		dessert soup
soup	Piet Mondrian	🐕		dessert
도착 (school)			colorful	도착 (school)
a dessert can	🐱		America	
🐵		can		Andy Warhol 출발 (soup can)

Let's Cook!

Main Words QR코드를 이용하여 단어를 듣고, 따라 읽으며 한 번씩 써보세요.

milliliter (mL) 밀리리터

milliliter

liter (L) 리터

liter

gram (g) 그램

gram

kilogram (kg) 킬로그램

kilogram

More Words QR코드를 이용하여 단어를 듣고, 따라 읽으며 한 번씩 써보세요.

potato 감자

potato

milk 우유

milk

half 반

half

pancake 팬케이크

pancake

flour 밀가루

flour

Word Check

Main **Words** 그림을 보고 빈칸에 알맞은 알파벳을 (보기)에서 골라 단어를 완성하고, 알맞은 뜻의 스티커를 붙여 보세요.

보기   m   r   t   k   l   g   i   a

1. ☐ ra ☐
   Stick

2. l ☐ te ☐
   Stick

3. ☐ ilogr ☐ m
   Stick

4. mil ☐ ili ☐ er
   Stick

More **Words** 각 그림에 맞는 단어와 뜻을 연결해 보세요.

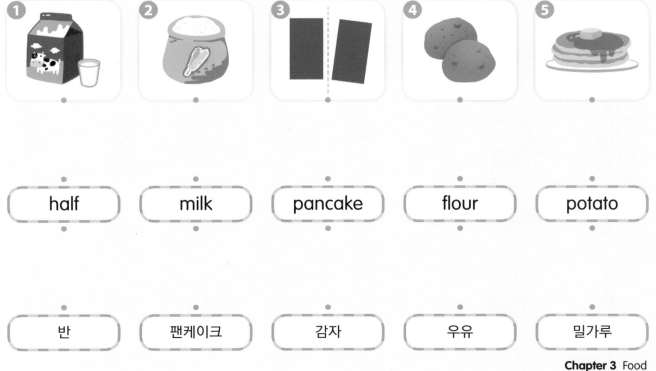

1.   2.   3.   4.   5.

half   milk   pancake   flour   potato

반   팬케이크   감자   우유   밀가루

지문을 듣고
따라 읽어보세요.

Let's Cook!

I'm Rob.

I'm going to make potato soup.

I need a potato and 500 milliliters of milk.

This bottle of milk is 1 liter.

One liter is 1,000 milliliters.

So I'll use half of the bottle.

Pattern Check

위 글에서 아래 패턴을 찾아 □ 표시하세요.

I'm going to ~.
저는 ~(할) 것입니다.

아래 예문을 큰 소리로 따라 읽어보세요.

I'm going to cook.
저는 요리할 것입니다.

I'm going to clean my room.
저는 제 방을 청소할 것입니다.

I'm Bona.

I'm going to make pancakes.

I need 200 grams of flour for one pancake.

This bag of flour is 1 kilogram.

One kilogram is 1,000 grams.

So I can make five pancakes!

1 무엇에 관한 이야기인가요?

① making potato soup and pancakes   **②** Rob's soup for Bona

③ liters and milliliters

2 문장을 읽고 맞으면 O, <u>틀리면</u> X에 √ 표시하세요.

	O	X
ⓐ Rob needs 500 liters of milk.	☐	☐
ⓑ Bona needs 200 grams of flour for five pancakes.	☐	☐

Graphic Organizer 보기 에서 알맞은 말을 골라 빈칸을 완성하세요.

보기   half   kilogram   grams   liter   milliliters

Rob ...

• needs a potato and
  500 _____ of milk.

• will use _____ of the bottle.

= 1 _____

Bona ...

• needs 200 _____ of
  flour for one pancake.

• can make five pancakes.

= 1 _____

Brain Power

흥미로운 미션을 풀고
코딩을 위한 **사고력**도 길러보세요!

---

1 절차적 사고력 아래 숫자에 어떤 암호가 숨겨져 있습니다. 단서 와 힌트 를 보고, 숫자 암호를 해석하여 영단어와 그 뜻을 써보세요. 그리고 **ⓒ**의 암호는 직접 만들어보세요.

단서

6, 15, 2 ➡ half

4, 24, 12, 17 ➡ liter

힌트

영단어의 우리말 뜻을 아래처럼 써 봐!

ⓐ 1, 15, 5, 9, 15   단어: _____   뜻: _____

ⓑ 5, 24, 4, 1, 15, 4, 21   단어: _____   뜻: _____

ⓒ ___, ___, ___, ___   단어: _milk_   뜻: _____

---

2 문제 해결력 아르바이트생 Andy는 사장님의 메모대로 팬케이크 재료를 준비해야 합니다. 힌트 를 보고 알맞은 개수대로 밀가루 또는 우유 스티커를 붙여보세요.

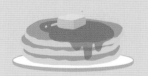

Pancake House

Today
- 2 kilograms of flour
- 1 liter of milk

힌트

= 500 grams

= 200 milliliters

flour	milk
Stick	Stick

Wrap UP!

Unit 01 빈칸을 채워 그림이나 뜻을 나타내는 단어를 완성하고, 빈칸에 들어가는 알파벳이
같은 것끼리 연결하세요.

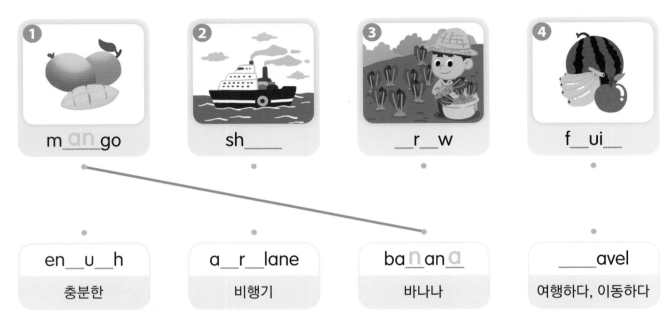

① m <u>an</u> go	② sh____	③ __r__w	④ f__ui__

en__u__h	a__r__lane	ba<u>n</u>an<u>a</u>	____avel
충분한	비행기	바나나	여행하다, 이동하다

기억이 안 난다면? 72쪽으로 이동하세요.

Unit 02 팝콘을 만드는 순서에 맞도록 빈칸에 들어갈 알맞은 단어를 보기 에서 찾아 써보세요.

보기

pop	stove	corn	pressure

Making Popcorn

❶ Turn on the _____. ❷ Put _____ in a pan.

❸ The water inside the corn becomes gas.

❹ The _____ becomes high. ❺ The corn _____s.

기억이 안 난다면? 78쪽으로 이동하세요.

96

Unit 03 사다리를 타고 내려와 단어를 완성한 후 알맞은 뜻 옆에 그 단어를 써보세요.

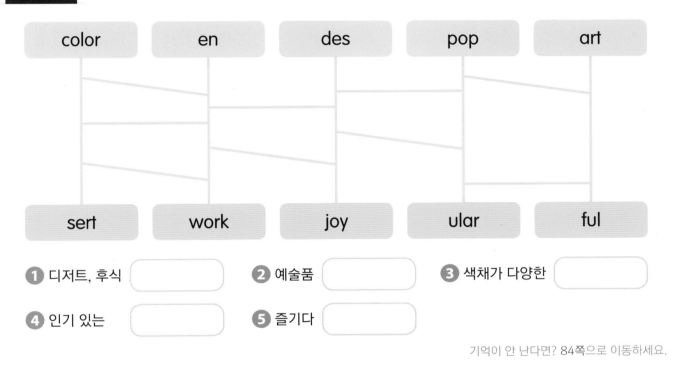

| color | en | des | pop | art |

| sert | work | joy | ular | ful |

1 디저트, 후식 [　　　]　　2 예술품 [　　　]　　3 색채가 다양한 [　　　]

4 인기 있는 [　　　]　　5 즐기다 [　　　]

기억이 안 난다면? 84쪽으로 이동하세요.

Unit 04 아래 빈칸에 알맞은 숫자를 써보세요.

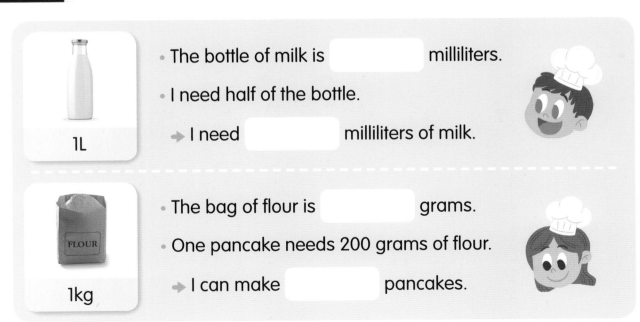

- The bottle of milk is [　　] milliliters.
- I need half of the bottle.
  → I need [　　] milliliters of milk.

1L

- The bag of flour is [　　] grams.
- One pancake needs 200 grams of flour.
  → I can make [　　] pancakes.

1kg

기억이 안 난다면? 90쪽으로 이동하세요.

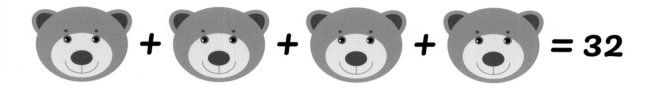

아래 계산식을 참고하여 마지막 문제의 답을 써보세요.

①

🐻 + 🐻 + 🐻 + 🐻 = 32

🐻 + 🐨 = 18

🐨 + 🐼 + 🐼 = 18

🐻 + 🐨 + 🐼 - 🐨 = ?

답 : _____

❷

🐻 + 🐻 + 🐻 + 🐻 = 24

🐻 × 🐨 = 18

🐨 × 🐼 - 🐻 = 21

🐻 × 🐼 - 🐨 - 🐼 = ?

답 : _____

MEMO

Photo Credits

지은이

NE능률 영어교육연구소

NE능률 영어교육연구소는 혁신적이며 효율적인 영어 교재를 개발하고
영어 학습의 질을 한 단계 높이고자 노력하는 NE능률의 연구조직입니다.

초등영어 리딩이 된다 Basic 2

펴 낸 이	주민홍
펴 낸 곳	서울특별시 마포구 월드컵북로 396(상암동) 누리꿈스퀘어 비즈니스타워 10층
	㈜NE능률 (우편번호 03925)
펴 낸 날	2019년 1월 5일 초판 제1쇄
	2024년 1월 15일 제11쇄
전 화	02 2014 7114
팩 스	02 3142 0356
홈 페 이 지	www.neungyule.com
등 록 번 호	제1-68호
I S B N	979-11-253-2498-0
정 가	14,000원

NE 능률

고객센터

교재 내용 문의 : contact.nebooks.co.kr (별도의 가입 절차 없이 작성 가능)
제품 구매, 교환, 불량, 반품 문의 : 02-2014-7114
☎ 전화문의는 본사 업무시간 중에만 가능합니다.

Ch1 UNIT 01 It Is Chuseok

13쪽

Ch1 UNIT 02 Friends in Space

19쪽

둥근 　　　　 비추다 　　　　 산 　　　　 우주

Ch1 UNIT 03 Beautiful Moonlight

25쪽

29쪽

Ch1 UNIT 04 Two Different Moons

31쪽

구 　　　　 반원 　　　　 (각도의) 도 　　　　 모양, 도형

Ch2 UNIT 01 Small Family, Large Family

43쪽

Ch2 UNIT 02 We Work Together

49쪽

(일을) 함께 하다 　　　　 집안일 　　　　 똑같이 　　　　 요리하다 　　　　 청소하다

Ch2 UNIT 03 Van Gogh's Special Family

55쪽

 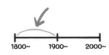

Ch2 UNIT 04 Happy Birthday!

Ch3 UNIT 01 Where Do These Fruits Come From?

Ch3 UNIT 02 Popcorn Pops!

Ch3 UNIT 03 Delicious Art

Ch3 UNIT 04 Let's Cook!

영어 듣기 시험 대비는 물론, 영어 실력 점검까지 한번에!

전국 **온오프 서점** 판매중

초등부터 중등까지 ! 영어 듣기평가 완벽 대비,
능률 초등영어 듣기모의고사 10회

4-1　　4-2　　5-1　　5-2　　6-1　　6-2

실전 대비 모의고사 10회 수록

· 주요 어휘와 표현을 미리 학습하여 모의고사 풀이의 어려움을
　줄여주는 학습 설계
· 음원 바로듣기 QR코드 제공(보통 속도 듣기, 빠르게 듣기)

Dictation Book 별도 제공

· 분리할 수 있는 Dictation Book 제공으로 편리한 받아쓰기 학습 가능
· 총 3단계의 받아쓰기를 통해 듣기 내용 완벽 복습

NE능률 교재 MAP

아래 교재 MAP을 참고하여 본인의 현재 혹은 목표 수준에 따라 교재를 선택하세요.
NE능률 교재들과 함께 영어실력을 쑥쑥~ 올려보세요!
MP3 등 교재 부가 학습 서비스 및 자세한 교재 정보는 www.nebooks.co.kr 에서 확인하세요.

듣기 말하기 쓰기

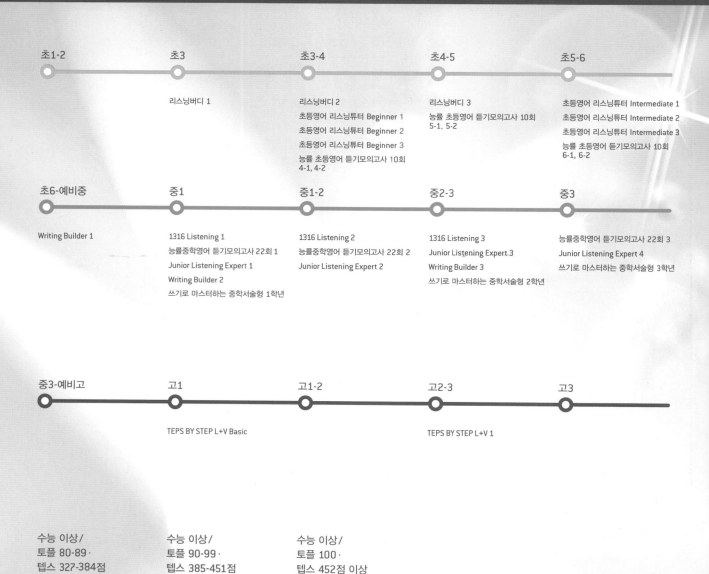

초1-2	초3	초3-4	초4-5	초5-6
	리스닝버디 1	리스닝버디 2 초등영어 리스닝튜터 Beginner 1 초등영어 리스닝튜터 Beginner 2 초등영어 리스닝튜터 Beginner 3 능률 초등영어 듣기모의고사 10회 4-1, 4-2	리스닝버디 3 능률 초등영어 듣기모의고사 10회 5-1, 5-2	초등영어 리스닝튜터 Intermediate 1 초등영어 리스닝튜터 Intermediate 2 초등영어 리스닝튜터 Intermediate 3 능률 초등영어 듣기모의고사 10회 6-1, 6-2

초6-예비중	중1	중1-2	중2-3	중3
Writing Builder 1	1316 Listening 1 능률중학영어 듣기모의고사 22회 1 Junior Listening Expert 1 Writing Builder 2 쓰기로 마스터하는 중학서술형 1학년	1316 Listening 2 능률중학영어 듣기모의고사 22회 2 Junior Listening Expert 2	1316 Listening 3 Junior Listening Expert 3 Writing Builder 3 쓰기로 마스터하는 중학서술형 2학년	능률중학영어 듣기모의고사 22회 3 Junior Listening Expert 4 쓰기로 마스터하는 중학서술형 3학년

중3-예비고	고1	고1-2	고2-3	고3
	TEPS BY STEP L+V Basic		TEPS BY STEP L+V 1	

수능 이상/ 토플 80-89 · 텝스 327-384점	수능 이상/ 토플 90-99 · 텝스 385-451점	수능 이상/ 토플 100 · 텝스 452점 이상		
TEPS BY STEP L+V 2 RADIX TOEFL Blue Label Listening 1 RADIX TOEFL Blue Label Listening 2	RADIX TOEFL Black Label Listening 1	TEPS BY STEP L+V 3 RADIX TOEFL Black Label Listening 2		

초등영어

리딩이 된다

Basic 2

Words
60

WORKBOOK · 정답 및 해설

NE 능률

초등영어

리딩이 된다

Basic 2

WORKBOOK

A 그림에 맞는 단어를 연결하고 한 번씩 써보세요.

· full moon

· holiday

· half moon

· night

· wish

B 그림에 맞도록 빈칸에 알맞은 단어를 보기 에서 찾아 써보세요.

보기   rice cakes   waiting   diary   come true   delicious

1

My wish will _____.
내 소원은 <u>이루어질</u> 것이다.

2

traditional _____
전통 <u>떡</u>

3

my _____
나의 <u>일기</u>

4

I'm _____.
나는 <u>기다리고</u> 있다.

5

It is _____.
그것은 <u>맛있다</u>.

I went ~. 저는 ~에[로] 갔습니다.

A 우리말 뜻에 맞게 빈칸에 알맞은 말을 넣으세요.

1 저는 할머니 댁에 갔습니다.

I ————————— to my grandma's house.

2 저는 밖으로 나갔습니다.

————————————— outside.

3 저는 학교에 갔습니다. (**to school**)

————————————————————
————————————————————

B 그림을 보고 오른쪽 말풍선 빈칸에 알맞은 말을 넣어 대화해보세요.

1

What did you
do yesterday?

I _____ to the zoo.

2

What did you do
yesterday?

_____ _____ to
the hospital.

Ch1 UNIT 02 Friends in Space

A 그림에 맞는 단어를 연결하고 한 번씩 써보세요.

• sun

• round

• mountain

• space

• shine

B 그림에 맞도록 빈칸에 알맞은 단어를 보기 에서 찾아 써보세요.

| 보기 | blue | ocean | colors | plant | green |

① many _____
많은 <u>색깔들</u>

② I have a _____.
나에게는 <u>식물</u>이 있다.

③ I like _____.
나는 <u>파란색</u>을 좋아한다.

④ in the _____
<u>바다</u>에서

⑤ It is _____.
그것은 <u>초록색</u>이다.

> **I have ~.** 저에게는 ~이[가] 있습니다.

A 우리말 뜻에 맞게 빈칸에 알맞은 말을 넣으세요.

1. 저에게는 높은 산들이 있습니다.

   I ----------------- high mountains.

2. 저에게는 바다와 산과 공기가 있습니다.

   ----------------------- oceans, mountains, and air.

3. 저에게는 많은 동물들이 있습니다. (**many animals**)

B 그림을 보고 오른쪽 말풍선 빈칸에 알맞은 말을 넣어 대화해보세요.

What do you have in your bag?

I _____ notebooks.

Are you busy?

Yes. _____ _____ a lot of homework.

A 그림에 맞는 단어를 연결하고 한 번씩 써보세요.

 ①

 ②

 ③

 ④

· musician

· moonlight

· poet

· listen

B 그림에 맞도록 빈칸에 알맞은 단어를 보기 에서 찾아 써보세요.

보기 lake   boat   under   sky   write   title

①

in the _____
하늘에

②

on a _____
호수 위에

③

the _____ of the book
책의 제목

④

There is a _____.
배 한 척이 있다.

⑤

_____ the table
탁자 아래에

⑥

_____ music
음악을 쓰다

He was ~. 그는 ~었습니다.

A 우리말 뜻에 맞게 빈칸에 알맞은 말을 넣으세요.

1 그는 음악가였습니다.

_____ was a musician.

2 그는 매우 유명했었습니다.

_____ very famous.

3 그는 시인이었습니다. (a poet)

_____

_____

B 그림을 보고 오른쪽 말풍선 빈칸에 알맞은 말을 넣어 대화해보세요.

1

Was he a poet?

 No. He _____ a doctor.

2

Was he sad?

No. _____ _____ happy.

A 그림에 맞는 단어를 연결하고 한 번씩 써보세요.

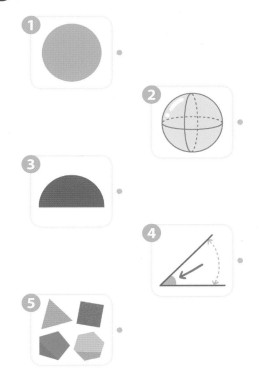

1
2
3
4
5

· circle

· degree

· sphere

· semicircle

· shape

B 그림에 맞도록 빈칸에 알맞은 단어를 보기 에서 찾아 써보세요.

| 보기 | clock | magical | ball | slice | rainbow |

1
a lemon _____
레몬 조각 하나

2
It is _____!
그것은 신기하다!

3
This is a _____.
이것은 공이다.

4
a round _____
둥근 시계

5
a big _____
큰 무지개

It looks like ~. 그것은 ~처럼 보입니다.

A 우리말 뜻에 맞게 빈칸에 알맞은 말을 넣으세요.

① 그것은 원처럼 보입니다.

It _____ a circle.

② 그것은 반원처럼 보입니다.

_____ a semicircle.

③ 그것은 레몬 조각처럼 보입니다. (a lemon slice)

_____

B 그림을 보고 오른쪽 말풍선 빈칸에 알맞은 말을 넣어 대화해보세요.

①

What does it look like?

_____ _____ like a dog.

②

What does it look like?

_____ _____ _____
a flower.

A 그림에 맞는 단어를 연결하고 한 번씩 써보세요.

· parents

· only child

· small family

· grandparents

· large family

B 그림에 맞도록 빈칸에 알맞은 단어를 보기 에서 찾아 써보세요.

보기   work   visit   weekday   call   take care of

1 every _____
평일마다

2 _____ them
그들에게 전화하다

3 I _____ from home.
나는 집에서 일한다.

4 _____ my brother
내 남동생을 돌보다

5 _____ my house
우리 집을 방문하다

I live with ~. 저는 ~와[과] 함께 삽니다.

A 우리말 뜻에 맞게 빈칸에 알맞은 말을 넣으세요.

① 저는 부모님과 함께 삽니다.

_____
----------------------- with my parents.

② 저는 조부모님과 함께 삽니다.

_____
----------------------------- my grandparents.

③ 저는 남동생과 함께 삽니다. (my younger brother)

_____

B 그림을 보고 오른쪽 말풍선 빈칸에 알맞은 말을 넣어 대화해보세요.

①

Who do you live with?

_____ _____ with my parents and my sister.

②

Who do you live with?

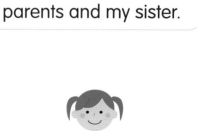

_____ _____ _____ my parents and my cat.

Ch2 UNIT 02 We Work Together

A 그림에 맞는 단어를 연결하고 한 번씩 써보세요.

· cook

· clean

· housework

· share

· equally

B 그림에 맞도록 빈칸에 알맞은 단어를 보기 에서 찾아 써보세요.

보기   dish   windows   each other   dinner   wonderful

We love _____.
우리는 서로 사랑한다.

have _____
저녁 식사를 하다

open the _____
창문을 열다

This pasta is _____.
이 파스타는 훌륭하다.

use a _____
그릇을 사용하다

He/She is good at ~. 그/그녀는 ~을[를] 잘합니다.

Ⓐ 우리말 뜻에 맞게 빈칸에 알맞은 말을 넣으세요.

❶ 그는 요리를 잘합니다.

He ------------------ at cooking.

❷ 그녀는 청소를 잘합니다.

She ------------------ cleaning.

❸ 그는 설거지를 잘합니다. (washing the dishes)

Ⓑ 그림을 보고 오른쪽 말풍선 빈칸에 알맞은 말을 넣어 대화해보세요.

❶

What is she good at?

She is _____ _____ swimming.

❷

What is he good at?

_____ _____ _____ _____ jumping high.

A 그림에 맞는 단어를 연결하고 한 번씩 써보세요.

paint

model

practice

portrait

B 그림에 맞도록 빈칸에 알맞은 단어를 보기 에서 찾아 써보세요.

보기　century　　close　　feel　　for free　　special

1

1800~　1900~　2000~

the 19th _____
19세기

2

He is _____.
그는 특별하다.

3

They are very _____.
그들은 매우 가깝다.

4

_____ love
사랑을 느끼다

5

get it _____
그것을 무료로 얻다

He could ~. 그는 ~(할) 수 있었습니다.

A 우리말 뜻에 맞게 빈칸에 알맞은 말을 넣으세요.

① 그는 그림 그리는 것을 연습할 수 있었습니다.

He _____ practice painting.

② 그는 그들의 사랑을 느낄 수 있었습니다.

_____ feel their love.

③ 그는 바이올린을 연주할 수 있었습니다. (**play the violin**)

_____

_____

B 그림을 보고 오른쪽 말풍선 빈칸에 알맞은 말을 넣어 대화해보세요.

①

Could he speak English?

Yes. He _____ speak English.

②

Could he play the piano?

Yes. _____ _____ play the piano.

A 그림에 맞는 단어를 연결하고 한 번씩 써보세요.

 •

• aunt

 •

• candle

 •

• birthday

 •

• year

B 그림에 맞도록 빈칸에 알맞은 단어를 보기 에서 찾아 써보세요.

보기 understand   short   yummy   weekend   means

1 a _____ pencil
짧은 연필

2 I _____.
나는 이해한다.

3 every _____
주말마다

4 'Hello' _____ '안녕.'
'Hello'는 '안녕'을 의미한다.

5 This is _____.
이것은 맛있다.

We need ~. 우리는 ~이[가] 필요합니다.

A 우리말 뜻에 맞게 빈칸에 알맞은 말을 넣으세요.

① 우리는 더 많은 초가 필요합니다.

We _____ more candles.

② 우리는 긴 초 세 개가 필요합니다.

_____ three long candles.

③ 우리는 탁자가 필요합니다. (a table)

_____

_____

B 그림을 보고 오른쪽 말풍선 빈칸에 알맞은 말을 넣어 대화해보세요.

①

It's Grandma's birthday. What do we need?

We _____ a cake.

②

We have a cake. What do we need?

_____ _____ dishes.

Vocabulary Test

A 그림에 맞는 단어를 연결하고 한 번씩 써보세요.

- grow
- travel
- ship
- fruit
- airplane

B 그림에 맞도록 빈칸에 알맞은 단어를 보기 에서 찾아 써보세요.

보기   countries   kiwis   bananas   enough   mangos

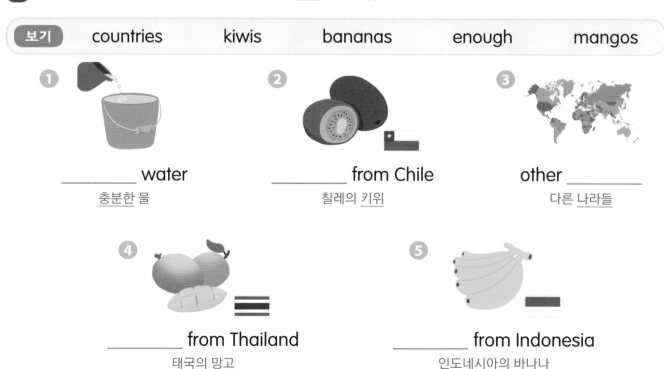

1. _____ water
   충분한 물

2. _____ from Chile
   칠레의 키위

3. other _____
   다른 나라들

4. _____ from Thailand
   태국의 망고

5. _____ from Indonesia
   인도네시아의 바나나

A come from B. A는 B에서 왔습니다.

A 우리말 뜻에 맞게 빈칸에 알맞은 말을 넣으세요.

1 그 키위는 칠레에서 왔습니다.

The kiwis _____ from Chile.

2 그 바나나는 인도네시아에서 왔습니다.

The bananas _____ Indonesia.

3 그들은 한국에서 왔습니다. (they, Korea)

_____

_____

B 그림을 보고 오른쪽 말풍선 빈칸에 알맞은 말을 넣어 대화해보세요.

1

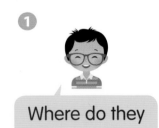

Where do they come from?

They _____ from France.

2

Where do they come from?

They _____ _____ Russia.

Ch3 Popcorn Pops!

A 그림에 맞는 단어를 연결하고 한 번씩 써보세요.

corn

gas

pop

pressure

B 그림에 맞도록 빈칸에 알맞은 단어를 보기 에서 찾아 써보세요.

| 보기 | turn on | hard | stove | pan | soft | inside |

1

in a _____
얕은 냄비 안에

2

very _____
매우 단단한

3

on the _____
(가스)레인지 위에

4

They are _____.
그것들은 부드럽다.

5

_____ the box
상자의 안에

6

_____ the light
불을 켜다

> **I became ~.** 저는 ~해졌습니다. 또는 저는 ~이[가] 되었습니다.

A 우리말 뜻에 맞게 빈칸에 알맞은 말을 넣으세요.

1 저는 부드러워졌습니다.

I ----------------------------- soft.

2 저는 맛있는 팝콘이 되었습니다.

-- delicious popcorn.

3 저는 매우 뜨거워졌습니다. (very, hot)

B 그림을 보고 오른쪽 말풍선 빈칸에 알맞은 말을 넣어 대화해보세요.

1

Did you become a first grader?

No. I _____ a second grader.

2

How did you feel?

_____ _____ very happy.

A 그림에 맞는 단어를 연결하고 한 번씩 써보세요.

 ·

· taste

 ·

· line

 ·

· artwork

 ·

· colorful

B 그림에 맞도록 빈칸에 알맞은 단어를 보기 에서 찾아 써보세요.

| 보기 | soup | baker | popular | dessert | enjoy |

① He is a _____.
그는 제빵사이다.

② hot _____
뜨거운 수프

③ _____ food
음식을 즐기다

④ a delicious _____
맛있는 디저트

⑤ He is _____.
그는 인기 있다.

We can ~. 우리는 ~(할) 수 있습니다.

A 우리말 뜻에 맞게 빈칸에 알맞은 말을 넣으세요.

1 우리는 음식을 즐길 수 있습니다.

We ------------------- enjoy food.

2 우리는 예술을 맛볼 수 있습니다.

---------------------------- taste art.

3 우리는 당신을 도와줄 수 있습니다. (help, you)

_____

_____

B 그림을 보고 오른쪽 말풍선 빈칸에 알맞은 말을 넣어 대화해보세요.

1

What can we do here?

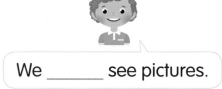

We _____ see pictures.

2

What can we do here?

_____ _____ make a dessert.

A 그림에 맞는 단어를 연결하고 한 번씩 써보세요.

gram

B 그림에 맞도록 빈칸에 알맞은 단어를 보기 에서 찾아 써보세요.

보기 milk   flour   pancakes   potatoes   half

1
a bag of _____
밀가루 한 봉지

2
two _____
두 개의 감자

3
a cup of _____
우유 한 컵

4
divide in _____
반으로 나누다

5
delicious _____
맛있는 팬케이크

I'm going to ~. 저는 ~(할) 것입니다.

A 우리말 뜻에 맞게 빈칸에 알맞은 말을 넣으세요.

① 저는 감자 수프를 만들 것입니다.

I'm _____ make potato soup.

② 저는 팬케이크를 만들 것입니다.

_____ make pancakes.

③ 저는 그림을 그릴 것입니다. (**draw a picture**)

_____

B 그림을 보고 오른쪽 말풍선 빈칸에 알맞은 말을 넣어 대화해보세요.

①

What are you going to do?

I'm _____ _____ cook.

②

What are you going to do?

_____ _____ _____ clean the house.

초등영어 리딩이 된다 Basic 2

STUDENT BOOK 정답 및 해설

UNIT 01 사회 It Is Chuseok 추석이에요

Main Words QR코드를 이용하여 단어를 듣고, 따라 읽으며 한 번씩 써보세요.

holiday 연휴, 휴일
holiday

half-moon 반달
half-moon

night 밤
night

full moon 보름달
full moon

wish 소원
wish

More Words QR코드를 이용하여 단어를 듣고, 따라 읽으며 한 번씩 써보세요.

diary 일기
diary

rice cake 떡
rice cake

delicious 맛있는
delicious

come true (소원이) 이루어지다
come true

wait 기다리다
wait

Word Check

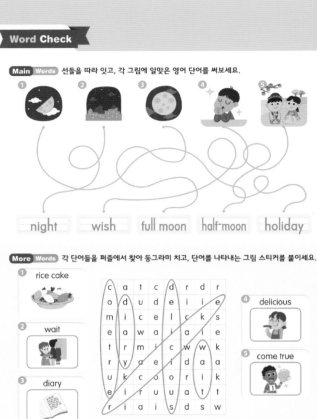

Main Words 선들을 따라 잇고, 각 그림에 알맞은 영어 단어를 써보세요.

① ② ③ ④ ⑤

night　wish　full moon　half-moon　holiday

More Words 각 단어들을 퍼즐에서 찾아 동그라미 치고, 단어를 나타내는 그림 스티커를 붙이세요.

① rice cake
② wait
③ diary
④ delicious
⑤ come true

c	a	t	c	d	r	d	r
o	d	u	d	e	i	i	e
m	i	c	e	l	c	k	s
e	a	w	a	i	a	i	e
t	r	m	i	c	w	w	k
r	y	a	e	i	d	v	a
u	k	c	o	o	r	i	k
e	i	r	u	u	a	t	t
r	i	a	i	s	d	s	w

자문을 듣고 따라 읽어보세요.

Chuseok at My Grandma's House
할머니 집에서 보낸 추석

Suji's Diary 수지의 일기

Last week was Chuseok, a holiday.　지난주는 추석 휴일이었다.
추석

I went to my grandma's house.　나는 할머니댁에 갔다.

I did some traditional things for Chuseok.　나는 추석에 하는 전통적인 것들을 했다.

I made *songpyeon* with my grandma.　나는 할머니와 송편을 만들었다.
송편

It is a traditional Korean rice cake.　그것은 한국의 전통 떡이다.

It looks like a half-moon.　그것은 반달처럼 보인다.

Later, I ate the *songpyeon*.　나중에 나는 송편을 먹었다.

It was delicious!　그것은 맛있었다!

At night, I went outside.　밤에 나는 밖으로 갔다.

I looked at the full moon.　나는 보름달을 봤다.

And I made a wish.　그리고 나는 소원을 빌었다.

Will my wish come true?　내 소원이 이루어질까?

I'm waiting!　나는 기다리고 있다!

Pattern Check

위 글에서 아래 패턴을 찾아 □ 표시하세요.

아래 예문을 큰 소리로 따라 읽어보세요.

I went ~.
저는 ~에 갔습니다.

I went to school.
저는 학교에 갔습니다.

I went to the hospital.
저는 병원에 갔습니다.

송편은 그냥 떡이 아니라 과학이야!
옛날부터 송편을 찔 때는 솔잎을 깔았어요. 이렇게 요리하면 솔잎 향이 배어들어 송편이 향긋해져요. 게다가 솔잎에 송진이라는 물질 덕분에 송편이 잘 상하지 않는다고 해요. 찐 송편에는 영양소가 많은데, 음식을 쪄먹으면 영양소가 잘 파괴되지 않는 덕분이에요. 이렇게 우리가 먹는 송편에도 과학 원리가 숨어 있었어요!

1 무엇에 관한 이야기인가요?

① traditional rice cakes
전통적인 떡
③ the full moon at night
밤의 보름달
⑤ the Chuseok holiday
추석 명절

2 문장을 읽고 맞으면 O, 틀리면 X에 ✓ 표시하세요.

	O	X
ⓐ Suji went to her grandma's house on Chuseok. 수지는 추석에 할머니 댁에 갔다.	✓	
ⓑ Suji looked at the half-moon on Chuseok. 수지는 추석에 반달을 보았다.		✓

Graphic Organizer 보기 에서 알맞은 말을 골라 빈칸을 완성하세요.

보기 delicious   wish   grandma   full moon

Suji's Diary 수지의 일기

On Chuseok ...
추석에…
I went to my ___grandma___'s house.
나는 할머니 댁에 갔다.
I made *songpyeon*. It was ___delicious___!
나는 송편을 만들었다. 그것은 맛있었다!
I looked at the ___full moon___.
나는 보름달을 보았다.
And I made a ___wish___.
그리고 나는 소원을 빌었다.

16

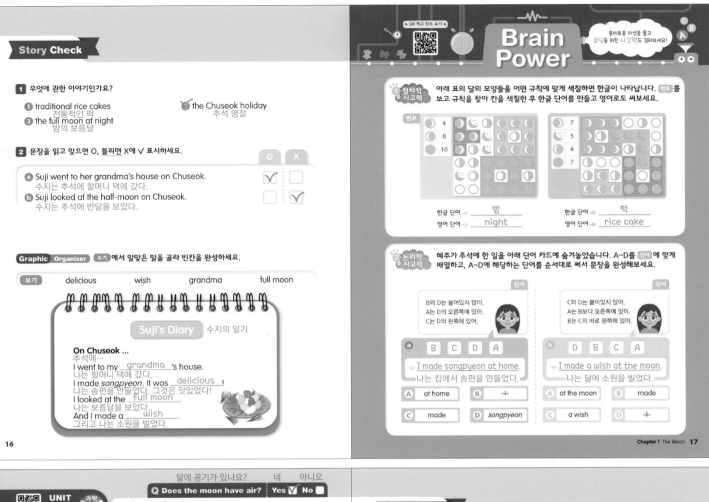

Brain Power

흥미로운 미션을 풀고 코딩을 위한 사고력도 길러보세요!

정치적 사고력 아래 표의 달의 모양들을 어떤 규칙에 맞게 색칠하면 한글이 나타납니다. 힌트 를 보고 규칙을 찾아 칸을 색칠한 후 한글 단어를 만들고 영어로도 써보세요.

한글 단어 → 밤
영어 단어 → night

한글 단어 → 떡
영어 단어 → rice cake

논리적 사고력 혜주가 추석에 한 일을 아래 단어 카드에 숨겨놓았습니다. A~D를 단서 에 맞게 배열하고, A~D에 해당하는 단어를 순서대로 써서 문장을 완성해보세요.

단서
B와 D는 붙어있지 않아.
A는 D의 오른쪽에 있어.
C는 D의 왼쪽에 있어.

ⓐ B C D A
I made songpyeon at home.
나는 집에서 송편을 만들었다.

A at home   B ÷
C made   D songpyeon

단서
C와 D는 붙어있지 않아.
A는 B보다 오른쪽에 있어.
B는 C의 바로 왼쪽에 있어.

ⓑ D B C A
I made a wish at the moon.
나는 달에 소원을 빌었다.

A at the moon   B made
C a wish   D ÷

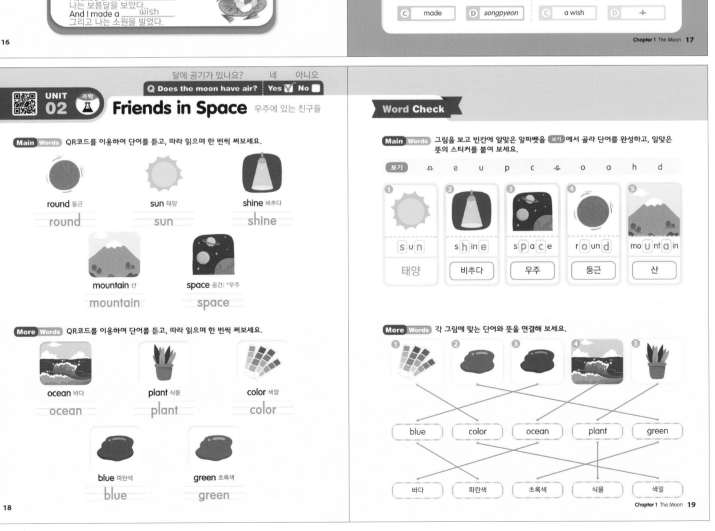

달에 공기가 있나요? 네 아니오
Q Does the moon have air? Yes ✓ No ☐

UNIT 02 과학 **Friends in Space** 우주에 있는 친구들

Main Words QR코드를 이용하여 단어를 듣고, 따라 읽으며 한 번씩 써보세요.

round 둥근
round

sun 태양
sun

shine 비추다
shine

mountain 산
mountain

space 공간; *우주
space

More Words QR코드를 이용하여 단어를 듣고, 따라 읽으며 한 번씩 써보세요.

ocean 바다
ocean

plant 식물
plant

color 색깔
color

blue 파란색
blue

green 초록색
green

18

Word Check

Main Words 그림을 보고 빈칸에 알맞은 알파벳을 보기 에서 골라 단어를 완성하고, 알맞은 뜻의 스티커를 붙여 보세요.

보기 u e u p c o a h d

① s u n   태양
② s h i n e   비추다
③ s p a c e   우주
④ r o u n d   둥근
⑤ mo u n t a in   산

More Words 각 그림에 맞는 단어와 뜻을 연결해 보세요.

① ② ③ ④ ⑤

blue   color   ocean   plant   green

바다   파란색   초록색   식물   색깔

Friends in Space
우주에 있는 친구들

We are the earth and the moon.
We are round.
And the sun shines on us.

지구, 달: 우리는 지구와 달이야.
우리는 둥글어.
그리고 태양은 우리를 비춰.

지구: 나는 바다, 산, 그리고 공기를 가지고 있어.
나는 많은 동물과 식물도 가지고 있어.

I have oceans, mountains, and air.
I have many animals and plants too.

달: 나도 높은 산들을 갖고 있어.
하지만 나는 지구처럼 공기, 동물, 식물은 없어.

I have high mountains too.
But I don't have air, animals, or plants like the earth.

지구: 나는 많은 색깔을 갖고 있어.
나는 우주에서 파란색이나 초록색으로 보여.

I have many colors.
I look blue or green in space.

I like your colors.
So I go around you every day.

달: 나는 너의 색깔을 좋아해.
그래서 나는 매일 네 주위를 맴돌아.

Pattern Check

위 글에서 아래 패턴을 찾아 □ 표시하세요.

I have ~.
저에게는 ~이 있습니다.

아래 예문을 큰 소리로 따라 읽어보세요.

I have many books.
저에게는 많은 책들이 있습니다.

I have homework.
저에게는 숙제가 있습니다.

달에 웬 시커먼 점이 있지?
밤에 달을 자세히 관찰하면 밝게 보이는 부분과 어둡게 보이는 부분을 볼 수 있어요. 달에서 어둡게 보이는 부분은 '바다'라고 하며, 밝게 빛나는 부분은 '육지'라고 불러요. 달의 육지는 달의 바다보다 지대가 높기 때문에 햇빛을 받아 밝게 보여요. 또한 달의 바다는 어두운 현무암질 암석으로 구성되어 육지보다 더 어두워 보인답니다.

20

Story Check

1 무엇에 관한 이야기인가요?

❶ the earth and the moon
지구와 달
❷ the colors of the moon
달의 색깔
❸ animals on the earth
지구의 동물

2 문장을 읽고 맞으면 O, 틀리면 X에 ∨ 표시하세요.

	O	X
ⓐ The earth and the moon shine on the sun. 지구와 달은 태양을 비춘다.		✓
ⓑ The moon looks blue or green in space. 달은 우주에서 파랑거나 초록색으로 보인다.		✓

Graphic Organizer 보기에서 알맞은 말을 골라 빈칸을 완성하세요.

보기 earth   sun   mountains   space   oceans

지구와 달은 둥글다.
태양이 지구와 달을 비춘다.
지구와 달은 산이 있다.

• has <u>oceans</u>, air, animals, and plants.
• looks blue or green in <u>space</u>.

• They are round.
• The <u>sun</u> shines on them.
• They have <u>mountains</u>.

• goes around the <u>earth</u> every day.
달은 매일 지구 주변을 돈다.

지구는 공기와 동물, 식물이 있다.
지구는 우주에서 파랑거나 초록색으로 보인다.

Brain Power

흥미로운 미션을 풀고 코딩을 위한 사고력도 길러보세요!

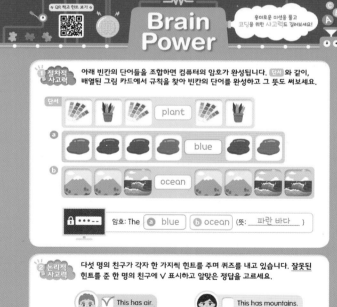

1 절차적 사고력
아래 빈칸의 단어들을 조합하면 컴퓨터의 암호가 완성됩니다. 단서와 같이, 배열된 그림 카드에서 규칙을 찾아 빈칸의 단어를 완성하고 그 뜻도 써보세요.

단서   plant

ⓐ   blue

ⓑ   ocean

암호: The ⓐ blue ⓑ ocean (뜻: 파란 바다)

2 논리적 사고력
다섯 명의 친구가 각자 한 가지씩 힌트를 주며 퀴즈를 내고 있습니다. 잘못된 힌트를 준 한 명의 친구에 ∨ 표시하고 알맞은 정답을 고르세요.

✓ This has air.
이것은 공기를 갖고 있다.

This has mountains.
이것은 산을 갖고 있다.

This doesn't have animals.
이것은 동물을 갖고 있지 않다.

The sun shines on this.
태양이 이것을 비춘다.

This doesn't have plants.
이것은 식물이 없다.

퀴즈의 정답은 (the moon / the earth)(이)야

22

30

UNIT 03 🎵 음악
Beautiful Moonlight 아름다운 달빛

Main Words QR코드를 이용하여 단어를 듣고, 따라 읽으며 한 번씩 써보세요.

listen 듣다
listen

moonlight 달빛, 월광
moonlight

musician 음악가
musician

poet 시인
poet

More Words QR코드를 이용하여 단어를 듣고, 따라 읽으며 한 번씩 써보세요.

write (음악을) 쓰다 (과거) wrote write의 과거형
write

title 제목
title

sky 하늘
sky

under ~ 아래에
under

boat 배
boat

lake 호수
lake

Word Check

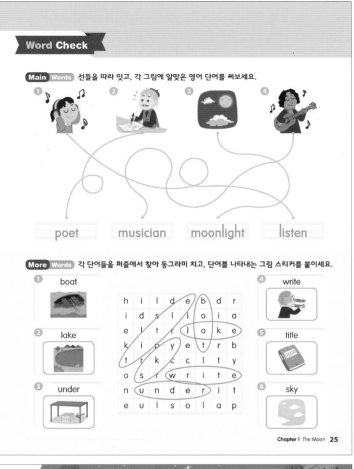

Main Words 선들을 따라 잇고, 각 그림에 알맞은 영어 단어를 써보세요.

poet   musician   moonlight   listen

More Words 각 단어들을 퍼즐에서 찾아 동그라미 치고, 단어를 나타내는 그림 스티커를 붙이세요.

① boat
② lake
③ under
④ write
⑤ title
⑥ sky

h	i	l	d	e	b	d	r
i	d	s	l	i	o	i	a
e	l	t	r	l	a	k	e
k	i	p	y	e	t	r	b
t	r	k	c	c	l	t	y
o	s	r	w	r	i	t	e
n	u	n	d	e	r	i	t
e	u	l	s	o	l	a	p

Beautiful Moonlight 아름다운 달빛

지문을 듣고 따라 읽어보세요.

음악을 듣고 읽으면 재미가 두 배!

Listen to the *Moonlight* *Sonata.
〈월광 소나타〉를 들어봐.

Beethoven wrote this music.
베토벤이 이 음악을 썼어.

He was a **musician**.
그는 음악가였어.

He was very famous.
그는 매우 유명했어.

*sonata 소나타(한 개 또는 두 개의 악기로 연주하도록 만들어진 곡으로 여러 악장으로 구성됨)

Moonlight Sonata was not its first title.
A **poet** listened to it.
And he imagined something.

〈월광 소나타〉는 그것의 첫 제목이 아니었어.
한 시인이 그것을 들었어.
그리고 그는 무언가를 상상했어.

Pattern Check

위 글에서 아래 패턴을 찾아 □ 표시하세요.

He was ~.
그는 ~었습니다.

아래 예문을 큰 소리로 따라 읽어보세요.

He was happy.
그는 행복했습니다.

He was a poet.
그는 시인이었습니다.

밤하늘에, 달이 빛나고 있었어.
달빛 아래, 호수 위에 배가 있었어.

In the night sky, the moon was shining.
Under the moonlight, there was a boat on a lake.

People liked his idea.
So the title became the *Moonlight Sonata*.

사람들은 그 생각을 좋아했어.
그래서 제목은 〈월광 소나타〉가 되었어.

🌙 **처음부터 〈월광 소나타〉는 아니었다고?**
베토벤은 〈엘리제를 위하여〉, 〈운명〉 등의 명곡을 남긴 독일의 음악가예요. 이야기에 나오는 이 곡은 그가 연인에게 바치려 즉흥적으로 만든 곡으로, 처음에는 〈환상곡 풍의 소나타〉라고 불렀어요. 그가 죽고 약 5년 뒤, 시인 루트비히 렐슈타프가 이 음악을 듣게 되었는데요. 그는 이 음악이 호수에 비친 달빛을 떠올린다고 해서 〈월광 소나타〉라고 부르기 시작했답니다.

1 무엇에 관한 이야기인가요?

❶ a musician and a poet
음악가와 시인

❷ a boat on a lake
호수 위의 배

✓ the *Moonlight Sonata*
월광 소나타

2 문장을 읽고 맞으면 O, 틀리면 X에 ∨ 표시하세요.

	O	X
ⓐ Beethoven was a famous poet. 베토벤은 유명한 시인이었다.		✓
ⓑ Beethoven wrote the *Moonlight Sonata*. 베토벤은 〈월광 소나타〉를 썼다.	✓	

Graphic Organizer 보기 에서 알맞은 말을 골라 빈칸을 완성하세요.

보기   moon   *Moonlight Sonata*   lake   moonlight

What did you listen to?   무엇을 들으셨나요?

저는 베토벤의 음악을 들었습니다.   I listened to Beethoven's music.

What did you imagine?   무엇을 상상하였나요?

The ___moon___ was shining.
달이 하늘에서 빛나고 있었습니다.
Under the ___moonlight___, there was a boat on a ___lake___.
달빛 아래 호수에 배 한 척이 있었습니다.
So the title became the ___Moonlight Sonata___.
그래서 제목은 〈월광 소나타〉가 되었습니다.

28

Brain Power

QR 찍고 힌트 보기

흥미로운 미션을 풀고
코딩을 위한 사고력도 길러보세요!

1 추상화 사고력 구멍이 뚫린 색종이 두 장을 겹쳐 오른쪽 표에 올렸을 때 보이는 알파벳을 조합하여 단어를 만들고 그 뜻을 써보세요. (스티커로 필요 없는 알파벳을 가려보세요.)

ⓐ
p		
t	o	
e		

단어: __poet__
뜻: __시인__

ⓑ
	n	s
e		
i	l	

단어: __listen__
뜻: __듣다__

2 문제 해결력 누군가 컴퓨터 비밀번호를 바꾸고 암호문만 남긴 채 사라졌습니다. 암호문을 해독한 후 색깔대로 배열하여 문장을 완성하고 그 뜻을 써보세요.

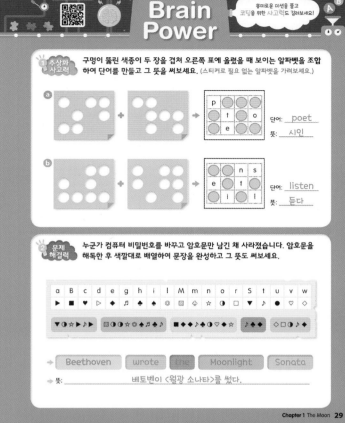

→ Beethoven wrote the Moonlight Sonata

→ 뜻: 베토벤이 〈월광 소나타〉를 썼다.

Q What does the full moon look like?

UNIT 04 수학
Two Different Moons
두 개의 다른 달

Main Words QR코드를 이용하여 단어를 듣고, 따라 읽으며 한 번씩 써보세요.

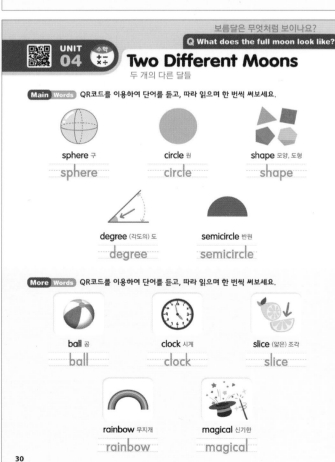

sphere 구
sphere

circle 원
circle

shape 모양, 도형
shape

degree (각도의) 도
degree

semicircle 반원
semicircle

More Words QR코드를 이용하여 단어를 듣고, 따라 읽으며 한 번씩 써보세요.

ball 공
ball

clock 시계
clock

slice (얇은) 조각
slice

rainbow 무지개
rainbow

magical 신기한
magical

30

Word Check

Main Words 그림을 보고 빈칸에 알맞은 알파벳을 보기 에서 골라 단어를 완성하고, 알맞은 뜻의 스티커를 붙여 보세요.

보기   h c + m s + p e r g

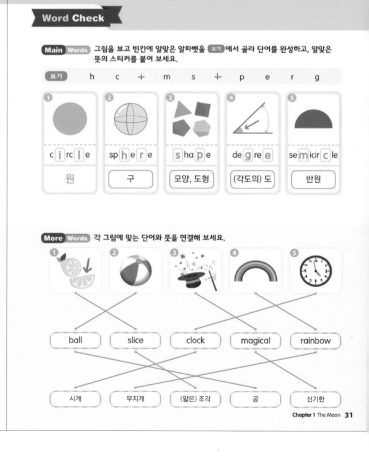

❶ c i r c l e   원
❷ sp h e r e   구
❸ s h a p e   모양, 도형
❹ de g r e e   (각도의) 도
❺ se m i cir c le   반원

More Words 각 그림에 맞는 단어와 뜻을 연결해 보세요.

ball   slice   clock   magical   rainbow

시계   무지개   (얇은) 조각   공   신기한

32

Two Different Moons
두 개의 다른 달들

The moon is a sphere, like a ball.

But look at the full moon.

It looks like a circle.

달은 공처럼 구야.

그러나 보름달을 봐.

그것은 원처럼 보여.

What is a circle?

It is a round shape, like a clock or a pizza.

It has 360 degrees.

원은 무엇일까?

그것은 시계나 피자처럼 둥근 도형이야.

그것은 360°야.

360°

Pattern Check

위 글에서 아래 패턴을 찾아 □ 표시하세요.

It looks like ~.
그것은 ~처럼 보입니다.

아래 예문을 큰 소리로 따라 읽어보세요.

It looks like a bird.
그것은 새처럼 보입니다.

It looks like a ball.
그것은 공처럼 보입니다.

How about the half-moon? 반달은 어떻지?

It looks like a semicircle.

그것은 반원처럼 보여.

A semicircle looks like a lemon slice or a rainbow.

It has 180 degrees.

반원은 레몬 조각이나 무지개처럼 보여.

그것은 180°야.

180°

The moon is magical!

달은 신기해!

> **매일 매일 변신하는 달**
> 달은 스스로 빛을 내지 않지만, 태양의 빛을 받아서 빛나 보여요. 우리는 달이 태양의 빛을 받는 부분만 볼 수 있는데 달은 매일 지구 주변을 돌기 때문에 달의 모양이 매일 달라 보인답니다. 예를 들어 태양이 달의 뒤쪽에 있을 때는 달이 잘 보이지 않지만, 매일 조금씩 커져서 음력 15, 16일쯤에 동그란 보름달이 되었다가 다시 조금씩 작아져요.

Story Check

1 무엇에 관한 이야기인가요?

1 the shapes of the moon
달의 모양

2 a ball and a rainbow
공과 무지개

3 the degrees in a circle
원의 각도

2 문장을 읽고 맞으면 O, 틀리면 X에 ✓ 표시하세요.

	O	X
a The moon is a sphere, like a ball. 달은 공처럼 구이다.	✓	
b The full moon looks like a semicircle. 보름달은 반원처럼 보인다.		✓

Graphic Organizer 보기 에서 알맞은 말을 골라 빈칸을 완성하세요.

보기 clock   slice   180   rainbow   360

보름달
- It looks like a circle.
  그것은 원처럼 보인다.
  → It has 360 degrees.
  그것은 360도이다.
- It is round like a clock or a pizza.
  그것은 시계나 피자처럼 보인다.

반달
- It looks like a semicircle.
  그것은 반원처럼 보인다.
  → It has 180 degrees.
  그것은 180도이다.
- It looks like a lemon slice or a rainbow.
  그것은 레몬 조각이나 무지개처럼 보인다.

QR 찍고 힌트 보기

Brain Power

흥미로운 미션을 풀고
코딩을 위한 사고력도 길러보세요!

1 점차적 사고력 마법 상자에 알파벳 카드를 넣으면 특정 규칙에 따라 다른 카드로 바뀌어 나옵니다. 단서 를 참고하여 바뀐 알파벳을 쓰고 완성된 단어의 뜻도 써보세요.

단서 q j g a c → s l i c e

a q f y n c → s h a p e

b b c e p c c → d e g r e e

뜻: (얇은) 조각

뜻: 모양, 도형

뜻: (각도의) 도

2 추상화 사고력 아래 교실에서 circle과 semicircle을 모두 찾아 그 개수와 각 숫자를 더한 값을 써보세요.

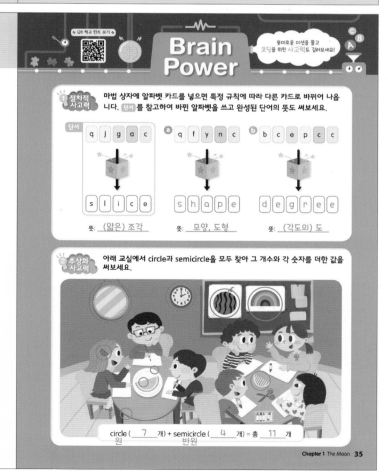

circle (7 개) + semicircle (4 개) = 총 11 개
원   반원

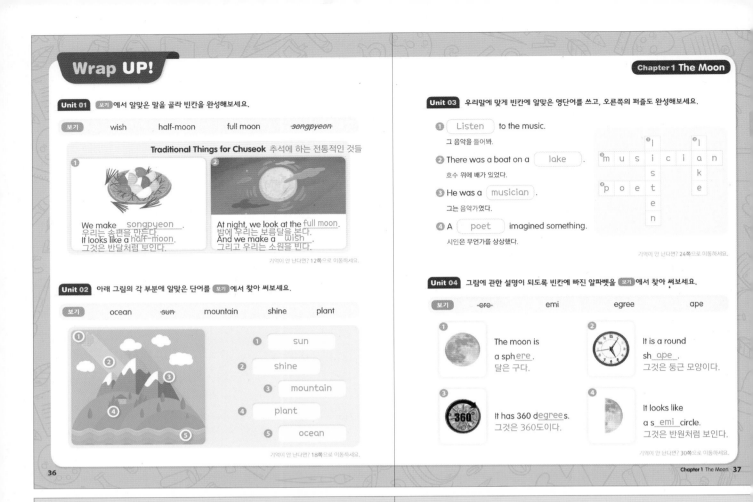

Wrap UP!

Unit 01 보기 에서 알맞은 말을 골라 빈칸을 완성해보세요.

보기 wish half-moon full moon ~~songpyeon~~

Traditional Things for Chuseok 추석에 하는 전통적인 것들

❶ We make ___songpyeon___.
우리는 송편을 만든다.
It looks like a ___half-moon___.
그것은 반달처럼 보인다.

❷ At night, we look at the ___full moon___.
밤에 우리는 보름달을 본다.
And we make a ___wish___.
그리고 우리는 소원을 빈다.

기억이 안 난다면? 12쪽으로 이동하세요.

Unit 02 아래 그림의 각 부분에 알맞은 단어를 보기 에서 찾아 써보세요.

보기 ocean ~~sun~~ mountain shine plant

❶ sun
❷ shine
❸ mountain
❹ plant
❺ ocean

기억이 안 난다면? 18쪽으로 이동하세요.

Unit 03 우리말에 맞게 빈칸에 알맞은 영단어를 쓰고, 오른쪽의 퍼즐도 완성해보세요.

❶ ___Listen___ to the music.
그 음악을 들어봐.

❷ There was a boat on a ___lake___.
호수 위에 배가 있었다.

❸ He was a ___musician___.
그는 음악가였다.

❹ A ___poet___ imagined something.
시인은 무언가를 상상했다.

Across/down puzzle:
m u s i c i a n
l i s t e n
p o e t
l a k e

기억이 안 난다면? 24쪽으로 이동하세요.

Unit 04 그림에 관한 설명이 되도록 빈칸에 빠진 알파벳을 보기 에서 찾아 써보세요.

보기 ~~ere~~ emi egree ape

❶ The moon is
a sph___ere___.
달은 구다.

❷ It is a round
sh___ape___.
그것은 둥근 모양이다.

❸ It has 360 d___egree___s.
그것은 360도이다.

❹ It looks like
a s___emi___ circle.
그것은 반원처럼 보인다.

기억이 안 난다면? 30쪽으로 이동하세요.

쉬어가기

무당벌레가 숫자 1부터 10까지 차례대로 지나 도착 까지 가는 길을 찾아 보세요.

토끼가 숫자 1부터 10까지 차례대로 지나 도착 까지 가는 길을 찾아 보세요.

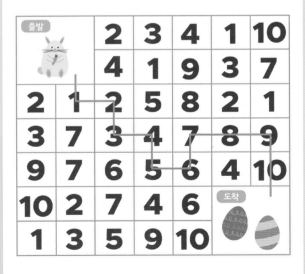

34

UNIT 01 사회
Small Family, Large Family
소가족, 대가족

Main Words QR코드를 이용하여 단어를 듣고, 따라 읽으며 한 번씩 써보세요.

small family 소가족
small family

parents 부모
parents

only child 외동
only child

grandparents 할아버지와 할머니 (조부모)
grandparents

large family 대가족
large family

More Words QR코드를 이용하여 단어를 듣고, 따라 읽으며 한 번씩 써보세요.

call 전화하다
call

visit 방문하다
visit

work 일하다
work

weekday 평일
weekday

take care of ~을 돌보다
take care of

42

Word Check

Main Words 선들을 따라 잇고, 각 그림에 알맞은 영어 단어를 써보세요.

① ② ③ ④ ⑤

large family   small family   parents   only child   grandparents

More Words 각 단어들을 퍼즐에서 찾아 동그라미 치고, 단어를 나타내는 그림 스티커를 붙이세요.

① call
② work
③ take care of

t	i	s	d	t	b	d	r
a	c	v	i	s	i	t	a
k	i	t	r	l	a	c	u
e	w	e	e	k	d	a	y
c	o	d	t	c	t	l	w
a	r	a	w	l	i	l	e
r	k	n	d	e	r	i	t
e	u	l	s	o	l	a	p
o	w	o	k	i	s	e	e
f	c	a	v	w	k	l	l

④ visit
⑤ weekday

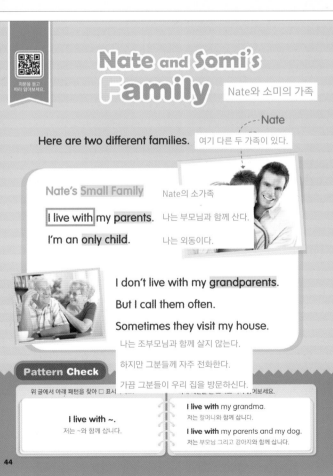

Nate and Somi's Family
Nate와 소미의 가족

Nate

Here are two different families. 여기 다른 두 가족이 있다.

Nate's Small Family Nate의 소가족

I live with my **parents**. 나는 부모님과 함께 산다.
I'm an only child. 나는 외동이다.

I don't live with my **grandparents**.
But I call them often.
Sometimes they visit my house.

나는 조부모님과 함께 살지 않는다.
하지만 그분들께 자주 전화한다.
가끔 그분들이 우리 집을 방문하신다.

Pattern Check

위 글에서 아래 패턴을 찾아 □ 표시 ⋯⋯⋯⋯⋯⋯⋯⋯⋯⋯⋯⋯⋯해보세요.

I live with ~.
저는 ~와 함께 삽니다.

I live with my grandma.
저는 할머니와 함께 삽니다.

I live with my parents and my dog.
저는 부모님 그리고 강아지와 함께 삽니다.

44

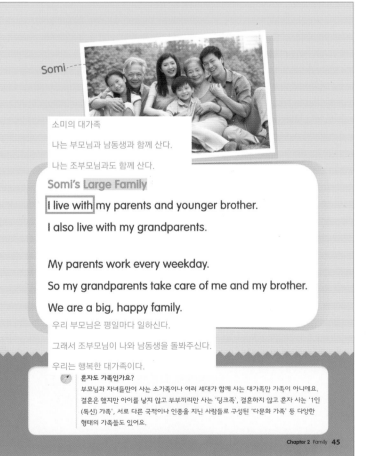

Somi

소미의 대가족
나는 부모님과 남동생과 함께 산다.
나는 조부모님과도 함께 산다.

Somi's Large Family

I live with my parents and younger brother.
I also live with my grandparents.

My parents work every weekday.
So my grandparents take care of me and my brother.
We are a big, happy family.

우리 부모님은 평일마다 일하신다.
그래서 조부모님이 나와 남동생을 돌봐주신다.
우리는 행복한 대가족이다.

혼자도 가족인가요?
부모님과 자녀들만이 사는 소가족이나 여러 세대가 함께 사는 대가족만 가족이 아니에요.
결혼은 했지만 아이를 낳지 않고 부부끼리만 사는 '딩크족', 결혼하지 않고 혼자 사는 '1인
(독신) 가족', 서로 다른 국적이나 인종을 지닌 사람들로 구성된 '다문화 가족' 등 다양한
형태의 가족들도 있어요.

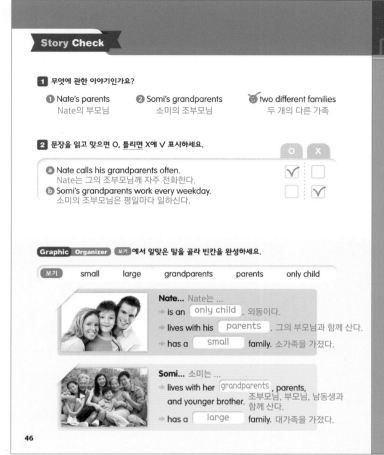

Story Check

1 무엇에 관한 이야기인가요?

1. Nate's parents
   Nate의 부모님
2. Somi's grandparents
   소미의 조부모님
3. ✓ two different families
   두 개의 다른 가족

2 문장을 읽고 맞으면 O, 틀리면 X에 ∨ 표시하세요.

	O	X
a Nate calls his grandparents often. Nate는 그의 조부모님께 자주 전화한다.	✓	
b Somi's grandparents work every weekday. 소미의 조부모님은 평일마다 일하신다.		✓

Graphic Organizer 보기에서 알맞은 말을 골라 빈칸을 완성하세요.

보기   small   large   grandparents   parents   only child

Nate... Nate는 ...
→ is an **only child** 외동이다.
→ lives with his **parents** 그의 부모님과 함께 산다.
→ has a **small** family. 소가족을 가졌다.

Somi... 소미는 ...
→ lives with her **grandparents**, parents, and younger brother. 조부모님, 부모님, 남동생과 함께 산다.
→ has a **large** family. 대가족을 가졌다.

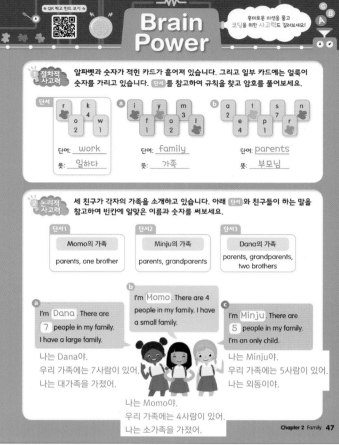

Brain Power

QR 찍고 힌트 보기

흥미로운 미션을 풀고 코딩을 위한 사고력도 길러보세요!

1 절차적 사고력 알파벳과 숫자가 적힌 카드가 흩어져 있습니다. 그리고 일부 카드에는 얼룩이 숫자를 가리고 있습니다. 단서를 참고하여 규칙을 찾고 암호를 풀어보세요.

단어: **work**   뜻: 일하다
단어: **family**   뜻: 가족
단어: **parents**   뜻: 부모님

2 논리적 사고력 세 친구가 각자의 가족을 소개하고 있습니다. 아래 단서와 친구들이 하는 말을 참고하여 빈칸에 알맞은 이름과 숫자를 써보세요.

단서1 Momo의 가족 — parents, one brother
단서2 Minju의 가족 — parents, grandparents
단서3 Dana의 가족 — parents, grandparents, two brothers

a I'm **Dana**. There are **7** people in my family. I have a large family.
나는 Dana야. 우리 가족에는 7사람이 있어. 나는 대가족을 가졌어.

b I'm Momo. There are 4 people in my family. I have a small family.
나는 Momo야. 우리 가족에는 4사람이 있어. 나는 소가족을 가졌어.

c I'm **Minju**. There are **5** people in my family. I'm an only child.
나는 Minju야. 우리 가족에는 5사람이 있어. 나는 외동이야.

Chapter 2 Family   **47**

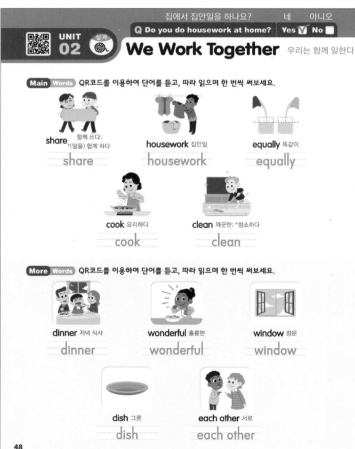

집에서 집안일을 하나요?   네   아니오
Q **Do you do housework at home?**   Yes ✓   No

UNIT 02 | We Work Together 우리는 함께 일한다

Main Words QR코드를 이용하여 단어를 듣고, 따라 읽으며 한 번씩 써보세요.

- **share** 함께 쓰다; *(일을) 함께 하다 / share
- **housework** 집안일 / housework
- **equally** 똑같이 / equally
- **cook** 요리하다 / cook
- **clean** 깨끗한; *청소하다 / clean

More Words QR코드를 이용하여 단어를 듣고, 따라 읽으며 한 번씩 써보세요.

- **dinner** 저녁 식사 / dinner
- **wonderful** 훌륭한 / wonderful
- **window** 창문 / window
- **dish** 그릇 / dish
- **each other** 서로 / each other

48

Word Check

Main Words 그림을 보고 빈칸에 알맞은 알파벳을 보기에서 골라 단어를 완성하고, 알맞은 뜻의 스티커를 붙여 보세요.

보기   l   o   u   q   k   h   n   r   y   w

1. c o o k — 요리하다
2. c l ea n — 청소하다
3. s h a r e — (일을) 함께 하다
4. ho u se w ork — 집안일
5. e q u all y — 똑같이

More Words 각 그림에 맞는 단어와 뜻을 연결해 보세요.

dinner   dish   wonderful   window   each other

그릇   서로   창문   저녁 식사   훌륭한

Chapter 2 Family   **49**

We Work Together

우리는 함께 일한다

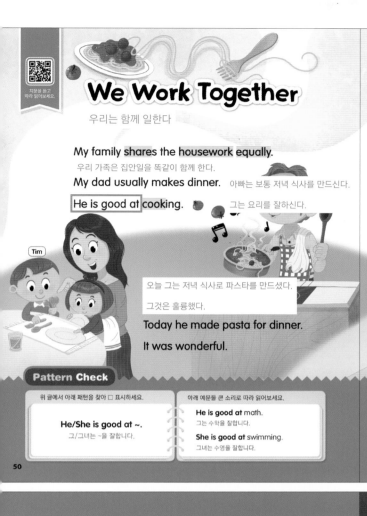

My family **shares** the **housework** equally.
우리 가족은 집안일을 똑같이 함께 한다.

My dad usually makes dinner.
아빠는 보통 저녁 식사를 만드신다.

He is good at cooking.
그는 요리를 잘하신다.

오늘 그는 저녁 식사로 파스타를 만드셨다.
그것은 훌륭했다.

Today he made pasta for dinner.
It was wonderful.

My mom usually **cleans** the house.
엄마는 보통 집을 청소하신다.

She is good at cleaning.
그녀는 청소를 잘하신다.

Today she cleaned the windows.
오늘 그녀는 창문을 청소하셨다.

My sister and I usually wash the dishes.
Today we washed the dishes after dinner.
내 여동생과 나는 보통 그릇을 닦는다[설거지를 한다].

My family loves each other.
오늘 우리는 저녁 식사 후 설거지를 했다.

So we work together!

우리 가족은 서로 사랑한다.
그래서 우리는 함께 일한다!

우리 집 집안일은 누구의 몫일까요?
집안일은 '가족의 편안하고 안락한 생활을 위해 집에서 해야 하는 일'이에요. 보통 식사 준비, 청소, 빨래, 장보기 등이 있어요. 집안일은 해야 할 사람이 따로 정해진 게 아니라, 가족 모두가 역할을 나눠서 하는 것이 중요해요. 아침에 이불을 정리하고, 오늘 신은 양말을 빨래 바구니에 넣는 것도 작지만 쉽게 실천할 수 있는 집안일이에요.

50

Chapter 2 Family **51**

Story Check

1 무엇에 관한 이야기인가요?

① making wonderful pasta
훌륭한 파스타 만들기
③ having dinner together
함께 저녁 먹기
② sharing housework
집안일 함께 하기

2 문장을 읽고 맞으면 O, 틀리면 X에 ✓ 표시하세요.

	O	X
ⓐ Tim's mom made pasta for dinner. Tim의 엄마는 저녁에 파스타를 만드셨다.		✓
ⓑ Tim and Tim's sister washed the dishes after dinner. Tim과 Tim의 여동생은 저녁 식사 후 설거지를 했다.	✓	

Graphic Organizer 보기 에서 알맞은 말을 골라 빈칸을 완성하세요.

보기 share   cooking   equally   cleaning   dishes

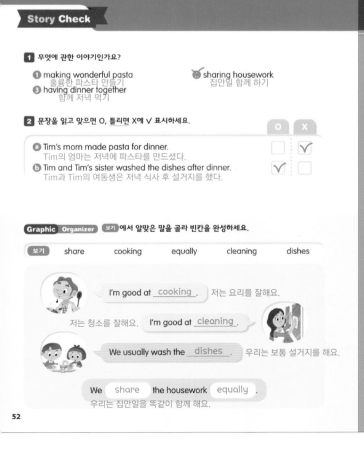

I'm good at _cooking_ .
저는 요리를 잘해요.

저는 청소를 잘해요. I'm good at _cleaning_ .

We usually wash the _dishes_ . 우리는 보통 설거지를 해요.

We _share_ the housework _equally_ .
우리는 집안일을 똑같이 함께 해요.

52

Brain Power

응미로운 미션을 풀고
코딩을 위한 사고력도 길러보세요!

1 문제해결력 엄마가 휴대폰으로 아래와 같은 메시지를 보내셨습니다. 왼쪽의 휴대폰 키패드와 단서 를 참고하여 메시지를 해석해 보세요.

3444777744

단서
DISH → 그릇

22255533266 84433
4466688777733

CLEAN THE HOUSE
→ 집을 청소해라

2 논리적 사고력 다음 힌트 를 읽고, 집안일 담당자표의 빈칸에 알맞은 이름을 써보세요.

Anna: 매일 우리는 집안일을 똑같이 함께 해요.
Every day we share the housework equally.

Tom: 저는 일주일에 3번 요리해요.
I cook three times a week.

I clean the house three times a week.

Josh: 저는 일주일에 3번 집을 청소해요.

Anna   Josh   Tom

집안일 담당자표	월	화	수	목	금
집 청소하기	cleaning the house	Tom	Josh	Josh	Anna	Josh
설거지하기	washing the dishes	Josh	Anna	Tom	Josh	Anna
요리하기	cooking	Anna	Tom	Anna	Tom	Tom

Chapter 2 Family **53**

37

UNIT 03 미술

Van Gogh's Special Family
반 고흐의 특별한 가족

Main Words QR코드를 이용하여 단어를 듣고, 따라 읽으며 한 번씩 써보세요.

paint (그림을) 그리다
paint

portrait 초상화
portrait

model 모델: *모델이 되다
model

practice 연습하다
practice

More Words QR코드를 이용하여 단어를 듣고, 따라 읽으며 한 번씩 써보세요.

special 특별한
special

century 세기(100년)
century

for free 무료로
for free

close (문을) 닫다: *가까운
close

feel (감정을) 느끼다
feel

Word Check

Main Words 선들을 따라 잇고, 각 그림에 알맞은 영어 단어를 써보세요.

① ② ③ ④

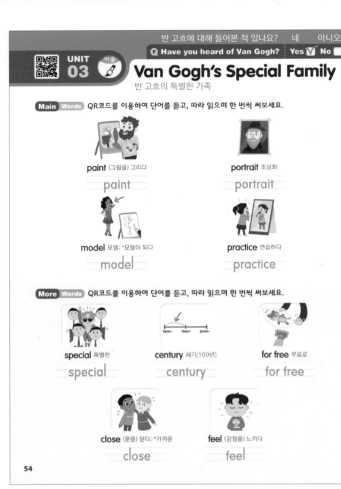

model   practice   portrait   paint

More Words 각 단어들을 퍼즐에서 찾아 동그라미 치고, 단어를 나타내는 그림 스티커를 붙이세요.

① feel
② for free
③ close
④ special
⑤ century

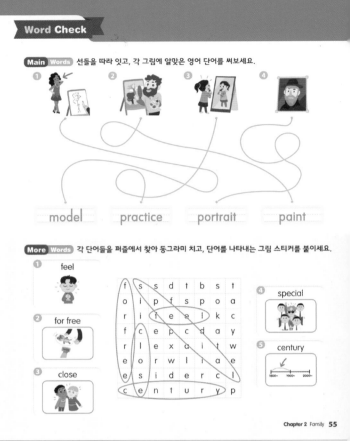

```
f s s d t b s t
o i p f s p o a
r i t e e l k c
f c e p c d a y
r l e x a i t w
e o r w l i a e
e s i d e r c l
c e n t u r y p
```

지문을 듣고 따라 읽어보세요.

Van Gogh's Special Family
반 고흐의 특별한 가족

Van Gogh was a famous 19th-century artist.
반 고흐

He painted many great portraits.

He often painted the Roulin family.

반 고흐는 유명한 19세기 화가였다.
그는 많은 훌륭한 초상화를 그렸다.
그는 자주 룰랭 가족을 그렸다.

Every family member modeled for him for free.

So he could practice painting.

모든 가족 구성원은 무료로 그의 모델이 되어주었다.
그래서 그는 그림을 연습할 수 있었다.

Pattern Check

위 글에서 아래 패턴을 찾아 ☐ 표시하세요.

He could ~.
그는 ~(할) 수 있었습니다.

아래 예문을 큰 소리로 따라 읽어보세요.

He could play the violin.
그는 바이올린을 연주할 수 있었습니다.

He could make pasta.
그는 파스타를 만들 수 있었습니다.

어느 날, 반 고흐는 아팠다.
룰랭 가족은 병원에서 그를 돌보았다.
그들은 그와 매우 가까웠다.

One day, Van Gogh was sick.

The Roulin family took care of him at the hospital.

They were very close to him.

룰랭 부인

They were not Van Gogh's real family.

But he could feel their love for him.

그들은 반 고흐의 진짜 가족은 아니었다.
그러나 그는 그를 위한 그들의 사랑을 느낄 수 있었다.

작은 아들, 카미유 룰랭

아기, 마르셀 룰랭

진짜 가족이 아니어도 괜찮아
룰랭 가족에는 우체부 조셉 룰랭과, 그의 아내 그리고 세 자녀가 있었어요. 이 가족은 고흐의 모델이 되어주기도 했고, 그를 가족처럼 잘 챙겨주었죠. 그래서 혼자 살던 고흐에게 많은 의지가 되었답니다. 고흐가 자신의 귀를 잘라 병원에 입원했을 때도 룰랭 가족이 그의 곁을 지켰다고 합니다. 고흐에게 룰랭 가족은 가족 그 이상의 존재였던 것 같죠?

1 무엇에 관한 이야기인가요?

❶ Van Gogh's real family
반 고흐의 진짜 가족

❷ 19th-century artists
19세기 예술가들

☑❸ the Roulin family and Van Gogh
룰랭 가족과 반 고흐

2 문장을 읽고 맞으면 O, 틀리면 X에 ∨ 표시하세요.

	O	X
❹ Van Gogh modeled for the Roulin Family. 반 고흐는 룰랭 가족을 위해 모델이 되었다.		✓
❺ The Roulin family was very close to Van Gogh. 룰랭 가족은 반 고흐와 매우 가까웠다.	✓	

Graphic Organizer 보기 에서 알맞은 말을 골라 빈칸을 완성하세요.

보기   painted   hospital   artist   close   modeled

Van Gogh ...

• was a famous 19th-century __artist__
반 고흐는 유명한 19세기 화가였다.
• __painted__ many great portraits.
반 고흐는 많은 훌륭한 초상화를 그렸다.

The Roulin Family ...

• __modeled__ for Van Gogh.
룰랭 가족은 반 고흐의 모델이 되어주었다.
• took care of Van Gogh at the __hospital__
룰랭 가족은 병원에서 반 고흐를 돌보았다.
• was __close__ to Van Gogh.
룰랭 가족은 반 고흐와 가까웠다.

58

QR 찍고 힌트 보기

Brain Power

흥미로운 미션을 풀고
코딩을 위한 사고력도 길러보세요!

1 절차적 사고력 미로를 빠져나오려면 제시된 단서 를 따라야 합니다. 미로를 탈출하고 완성된 단어와 그 뜻을 써보세요.

단서 X를 제외한 모든 칸을 꼭 한 번씩만 지나면서, 알파벳을 순서대로 연결하라.

단어: close
뜻: 문을 닫다, 가까운

단어: paint
뜻: (그림을) 그리다

단어: portrait
뜻: 초상화

2 논리적 사고력 한 미술관은 매일 특정 규칙에 따라 그림의 위치를 바꿔서 전시합니다. 규칙을 찾아 마지막 빈칸 ❹~❻에 해당하는 그림과 문장을 스티커로 붙여보세요.

The Roulin Family - by Van Gogh

I am the mother.	I am the father.	I am the son.
나는 엄마입니다.	나는 아빠입니다.	나는 아들입니다.

생일이 언제인가요?
Q When is your birthday?

Happy Birthday! 생일 축하합니다!

Main Words QR코드를 이용하여 단어를 듣고, 따라 읽으며 한 번씩 써보세요.

birthday 생일
birthday

year 년, ~세(나이)
year

candle 양초
candle

aunt 이모, 고모
aunt

More Words QR코드를 이용하여 단어를 듣고, 따라 읽으며 한 번씩 써보세요.

yummy 맛있는
yummy

mean 의미하다
mean

short 짧은
short

understand 이해하다
understand

weekend 주말
weekend

60

Main Words 그림을 보고 빈칸에 알맞은 알파벳을 보기 에서 골라 단어를 완성하고, 알맞은 뜻의 스티커를 붙여 보세요.

보기   r   d   t   e   c   i   y   u

❶ y e a r
년, ~세(나이)

❷ a u n t
이모, 고모

❸ b i rthda y
생일

❹ c an d le
양초

More Words 각 그림에 맞는 단어와 뜻을 연결해 보세요.

short   mean   yummy   weekend   understand

맛있는   주말   짧은   이해하다   의미하다

39

Grandpa's Birthday

할아버지의 생신

Mom This cake is for Grandpa's birthday party.

엄마: 이 케이크는 할아버지 생신 파티를 위한 거란다.

Sejin The cake looks yummy.

Wait. Grandpa is 64 years old.

But there are only ten candles.

We need more candles!

세진: 케이크가 맛있어 보여요.

잠깐만요. 할아버지는 64세예요.

그런데 초가 10개밖에 없어요.

우리는 초가 더 필요해요!

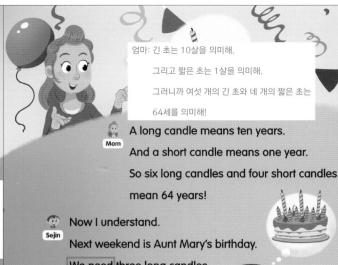

엄마: 긴 초는 10살을 의미해.

그리고 짧은 초는 1살을 의미해.

그러니까 여섯 개의 긴 초와 네 개의 짧은 초는

64세를 의미해!

Mom A long candle means ten years.

And a short candle means one year.

So six long candles and four short candles

mean 64 years!

Sejin Now I understand.

Next weekend is Aunt Mary's birthday.

We need three long candles

and six short candles!

세진: 이제 알겠어요.

다음 주말은 Mary 이모의 생신이죠.

우리는 세 개의 긴 초와 여섯 개의

짧은 초가 필요해요!

Pattern Check

위 글에서 아래 패턴을 찾아 □ 표시하세요.

We need ~.
우리는 ~이 필요합니다.

아래 예문을 큰 소리로 따라 읽어보세요.

We need help.
우리는 도움이 필요합니다.

We need a table.
우리는 탁자가 필요합니다.

생일 케이크에는 왜 초를 꽂을까?

생일 케이크에 초를 꽂는 건 아주 오래전 독일 사람들이 시작했다고 해요. 독일 사람들은 아이의 생일날 아침에 케이크에 초를 꽂고 저녁까지 밝혀 두었대요. 그리고 저녁을 먹은 후 가족이 함께 케이크를 먹었다고 하네요. 특히 아이의 나이보다 하나 더 많은 초를 꽂아두었는데요. 바로 부모가 자신의 아이가 오래 살길 바랐기 때문이래요.

Story Check

1 무엇에 관한 이야기인가요?

① Sejin's birthday
세진이의 생일

② Grandpa's birthday party
할아버지의 생신 파티

③ ten short candles
열 개의 짧은 초들

2 문장을 읽고 맞으면 O, 틀리면 X에 ✓ 표시하세요.

	O	X
ⓐ The cake is for Sejin's aunt, Mary. 케이크는 세진의 이모 Mary를 위한 것이다.		✓
ⓑ There are 10 candles for Grandpa's birthday cake. 할아버지의 생신 케이크를 위해 10개의 초가 있다.	✓	

Graphic Organizer 보기에서 알맞은 말을 골라 빈칸을 완성하세요.

보기: years   long   cake   short

Grandpa's Birthday Party
할아버지의 생일 파티

할아버지의 생신 케이크에 초를 그려보세요.

This ___cake___ is for Grandpa.
이 케이크는 할아버지를 위한 것이다.

Grandpa is 64 ___years___ old.
할아버지는 64세이다.

One ___long___ candle means ten years.
하나의 긴 초는 10살을 의미한다.

And one ___short___ candle means one year.
하나의 짧은 초는 1살을 의미한다.

Brain Power

흥미로운 미션을 풀고
코딩을 위한 사고력도 길러보세요!

1 절차적 사고력 아래 바둑판에 암호가 숨겨져 있습니다. 단서와 같이 칸을 칠해서 나온 알파벳을 조합한 단어와 그 뜻을 써보세요.

단서

	1	2	3	4	5
1	b	a	y	d	c
2	l	s	u	a	y
3	i	u	r	e	j
4	k	p	w	i	m
5	z	h	m	u	l
6	q	n	x	y	v

3X1 2X3
5X4 3X5
4X6

단어: ___yummy___
뜻: ___맛있는___

	1	2	3	4	5
1	s	o	r	c	d
2	a	y	t	x	z
3	p	u	n	v	e
4	c	k	l	i	d
5	b	l	o	t	n
6	r	i	e	v	p

4X1 1X2
3X3 5X4
2X5 3X6

단어: ___candle___
뜻: ___양초___

2 문제 해결력 친구들을 위한 생일 케이크를 준비해야 합니다. 힌트를 참고하여 친구들의 나이에 맞는 생일 케이크 스티커를 찾아 붙이고 나이를 숫자로 써보세요.

힌트: Suji의 나이=Minho의 나이   Jane의 나이=Tom의 나이+4

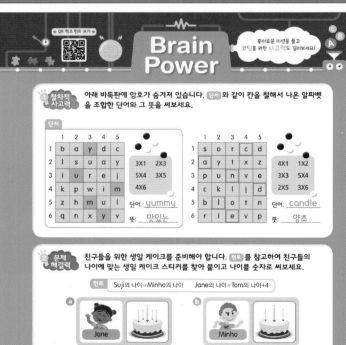

ⓐ Jane
Jane is ___14___ years old.
Jane은 14살이다.

ⓑ Minho
Minho is ___12___ years old.
Minho는 12살이다.

ⓒ Suji
Suji is ___12___ years old.
Suji는 12살이다.

ⓓ Tom
Tom is ___10___ years old.
Tom은 10살이다.

Wrap UP!

Unit 01 아래 그림의 각 부분에 알맞은 단어를 보기 에서 골라 뜻과 함께 써보세요.

보기 large family   grandparents   ~~parents~~   only child

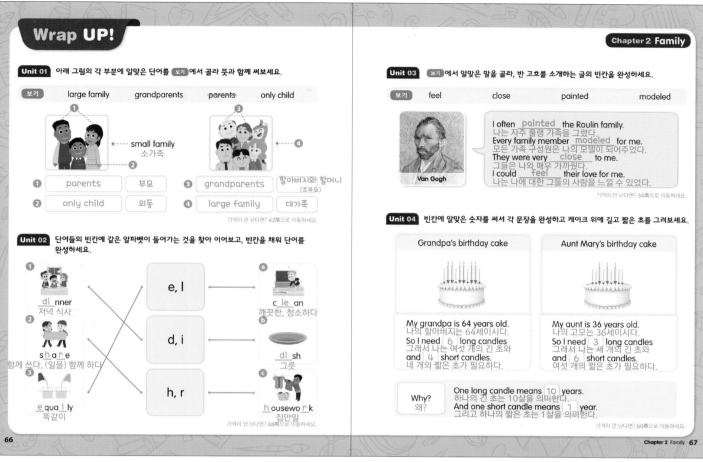

small family
소가족

❶ parents	부모	❸ grandparents	할아버지와 할머니 (조부모)
❷ only child	외동	❹ large family	대가족

기억이 안 난다면? 42쪽으로 이동하세요.

Unit 02 단어들의 빈칸에 같은 알파벳이 들어가는 것을 찾아 이어보고, 빈칸을 채워 단어를 완성하세요.

❶ di_nner
저녁 식사

❷ s_h_are
함께 쓰다, (일을) 함께 하다

❸ e_qua_l_ly
똑같이

e, l

d, i

h, r

ⓐ c_le_an
깨끗한, 청소하다

ⓑ di_sh
그릇

ⓒ h_ousewo_r_k
집안일

기억이 안 난다면? 48쪽으로 이동하세요.

Unit 03 보기 에서 알맞은 말을 골라, 반 고흐를 소개하는 글의 빈칸을 완성하세요.

보기 feel   close   painted   modeled

Van Gogh

I often painted the Roulin family.
나는 자주 룰랭 가족을 그렸다.
Every family member modeled for me.
모든 가족 구성원은 나의 모델이 되어주었다.
They were very close to me.
그들은 나와 매우 가까웠다.
I could feel their love for me.
나는 나에 대한 그들의 사랑을 느낄 수 있었다.

기억이 안 난다면? 54쪽으로 이동하세요.

Unit 04 빈칸에 알맞은 숫자를 써서 각 문장을 완성하고 케이크 위에 길고 짧은 초를 그려보세요.

Grandpa's birthday cake	Aunt Mary's birthday cake
My grandpa is 64 years old. 나의 할아버지는 64세이시다. So I need 6 long candles 그래서 나는 여섯 개의 긴 초와 and 4 short candles. 네 개의 짧은 초가 필요하다.	My aunt is 36 years old. 나의 고모는 36세이시다. So I need 3 long candles 그래서 나는 세 개의 긴 초와 and 6 short candles. 여섯 개의 짧은 초가 필요하다.

Why?
왜?

One long candle means 10 years.
하나의 긴 초는 10살을 의미한다.
And one short candle means 1 year.
그리고 하나의 짧은 초는 1살을 의미한다.

기억이 안 난다면? 60쪽으로 이동하세요.

66

쉬어가기 다음과 같이 종이를 잘랐을 때 나올 수 있는 모양을 골라보세요.

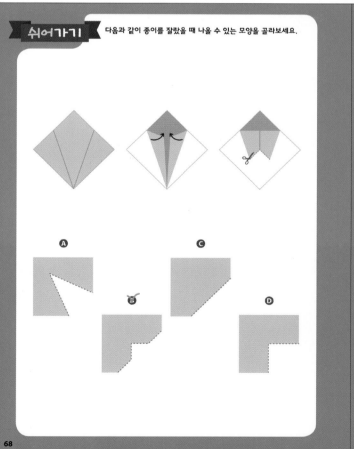

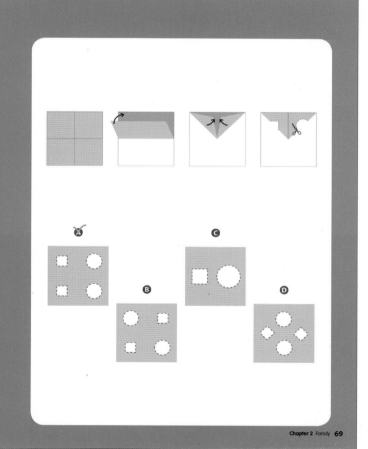

68

41

UNIT 01 사회 Where Do These Fruits Come From?
이 과일들은 어디에서 왔나요?

Main Words QR코드를 이용하여 단어를 듣고, 따라 읽으며 한 번씩 써보세요.

fruit 과일
fruit

grow 재배하다
grow

travel 여행하다; *이동하다
travel

ship 배
ship

airplane 비행기
airplane

More Words QR코드를 이용하여 단어를 듣고, 따라 읽으며 한 번씩 써보세요.

kiwi 키위
kiwi

mango 망고
mango

banana 바나나
banana

country 나라
country

enough (of) 충분한
enough of

72

Word Check

Main Words 선들을 따라 잇고, 각 그림에 알맞은 영어 단어를 써보세요.

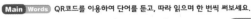

ship | travel | fruit | airplane | grow

More Words 각 단어들을 퍼즐에서 찾아 동그라미 치고, 단어를 나타내는 그림 스티커를 붙이세요.

1 kiwi
2 banana
3 enough
4 mango
5 country

```
c s s d t b c e
w o p f s p o n
o k u n a n g o
k i w n c d o u
p w e x t g t g
b i r w n r a h
b a n a n a y l
c e m t u r y p
```

Chapter 3 Food 73

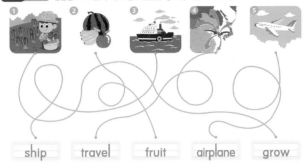

Where Do These Fruits Come From?
이 과일들은 어디에서 왔나요?

Bom: Look, Dad! 봄: 보세요, 아빠!

The kiwis come from Chile. 키위는 칠레에서 왔어요.
The mangos come from Thailand. 망고는 태국에서 왔고요.
The bananas come from Indonesia. 바나나는 인도네시아에서 왔네요.

These fruits are from other countries.
이 과일들은 다른 나라에서 왔어요.

Chile
Thailand
Indonesia

Pattern Check

Dad: Yes, Bom.
Korea doesn't grow enough of those fruits.
So we get them from other countries.
아빠: 그래, 봄아. 한국은 그 과일들을 충분히 재배하지 않아. 그래서 우리는 다른 나라에서 그것들을 얻는단다.

Bom: How do the fruits come to Korea?
봄: 과일들이 한국에 어떻게 오나요?

Dad: They travel by ship or airplane.
아빠: 그것들은 배나 비행기로 이동한다.

Bom: So we can have many different fruits every day!
봄: 그래서 우리가 매일 많은 다른 과일들을 먹을 수 있군요!

위 글에서 아래 패턴을 찾아 □ 표시하세요.
A come from B.
A는 B에서 왔습니다.

아래 예문을 큰 소리로 따라 읽어보세요.
A: Where do they come from? 그들은 어디에서 왔나요?
B: They come from Korea. 그들은 한국에서 왔습니다.

너의 물건을 내 것과 바꾸지 않을래?
다른 나라에서 물건을 사오는 것을 '수입'이라고 하고 우리나라의 물건을 다른 나라에 파는 것을 '수출'이라고 해요. 예를 들어 A라는 나라에 쌀이 많이 생산되고 석유가 부족하다면, 남는 쌀을 수출하고 부족한 석유를 다른 나라에서 수입할 수 있겠죠? 그렇다면 우리나라는 어떤 것을 주로 해외로 수출할까요? 바로 반도체, 자동차, 전자 제품 등이랍니다.

74

Chapter 3 Food 75

42

Story Check

1 무엇에 관한 이야기인가요?

① many fruits from Korea
한국의(에서 온) 많은 과일들
② fruits from other countries
다른 나라의(에서 온) 과일들
③ traveling by ship or airplane
배나 비행기로 여행하기

2 문장을 읽고 맞으면 O, 틀리면 ∨에 표시하세요.

	O	X
ⓐ Korea grows enough kiwis and mangos. 한국은 충분한 키위와 망고를 재배한다.		✓
ⓑ Kiwis, mangos, or bananas travel to Korea by ship. 키위, 망고, 바나나는 배로 한국으로 이동한다.	✓	

Graphic Organizer 보기 에서 알맞은 말을 골라 빈칸을 완성하세요.

보기   mangos   kiwis   travel   bananas   enough of

Fruits from Other Countries 다른 나라에서 온 과일들

Where? 어디?
The __kiwis__ come from Chile. 키위는 칠레에서 왔다.
The __mangos__ come from Thailand. 망고는 태국에서 왔다.
The __bananas__ come from Indonesia. 바나나는 인도네시아에서 왔다.

Why? 왜?
Korea doesn't grow __enough of__ those fruits.
한국은 그 과일들을 충분히 재배하지 않는다.

How? 어떻게?
The fruits __travel__ by ship or airplane.
과일들은 배나 비행기로 이동한다.

76

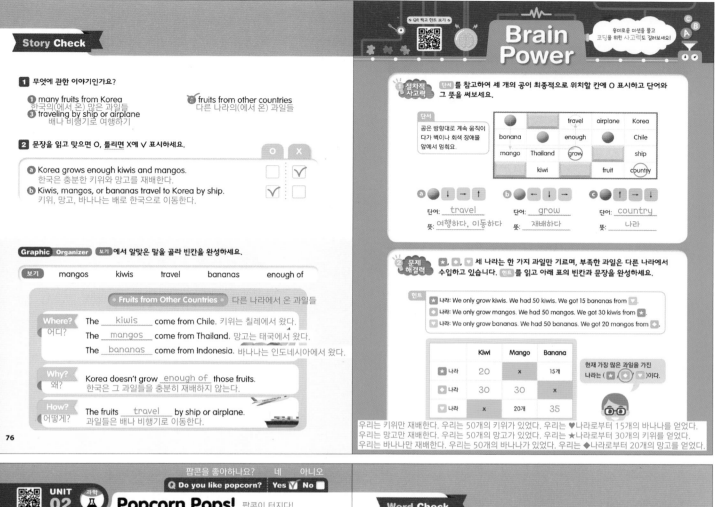

Brain Power

1 절차적 사고력   단서 를 참고하여 세 개의 공이 최종적으로 위치할 칸에 O 표시하고 단어와 그 뜻을 써보세요.

단서: 공은 방향대로 계속 움직이다가 벽이나 회색 장애물 앞에서 멈춰요.

	travel	airplane	Korea
banana		enough	Chile
mango	Thailand	grow	ship
	kiwi	fruit	country

ⓐ 단어: travel   뜻: 여행하다, 이동하다
ⓑ 단어: grow   뜻: 재배하다
ⓒ 단어: country   뜻: 나라

2 문제 해결력   ★, ♥, ◆ 세 나라는 한 가지 과일만 기르며, 부족한 과일은 다른 나라에서 수입하고 있습니다. 힌트 를 읽고 아래 표의 빈칸과 문장을 완성하세요.

힌트
★ 나라: We only grow kiwis. We had 50 kiwis. We got 15 bananas from ♥.
♥ 나라: We only grow mangos. We had 50 mangos. We got 30 kiwis from ★.
◆ 나라: We only grow bananas. We had 50 bananas. We got 20 mangos from ◆.

	Kiwi	Mango	Banana
★ 나라	20	x	15개
♥ 나라	30	30	x
◆ 나라	x	20개	35

현재 가장 많은 과일을 가진 나라는 (★ / ♥ / ◆)이다.

우리는 키위만 재배한다. 우리는 50개의 키위가 있었다. 우리는 ♥나라로부터 15개의 바나나를 얻었다.
우리는 망고만 재배한다. 우리는 50개의 망고가 있었다. 우리는 ★나라로부터 30개의 키위를 얻었다.
우리는 바나나만 재배한다. 우리는 50개의 바나나가 있었다. 우리는 ◆나라로부터 20개의 망고를 얻었다.

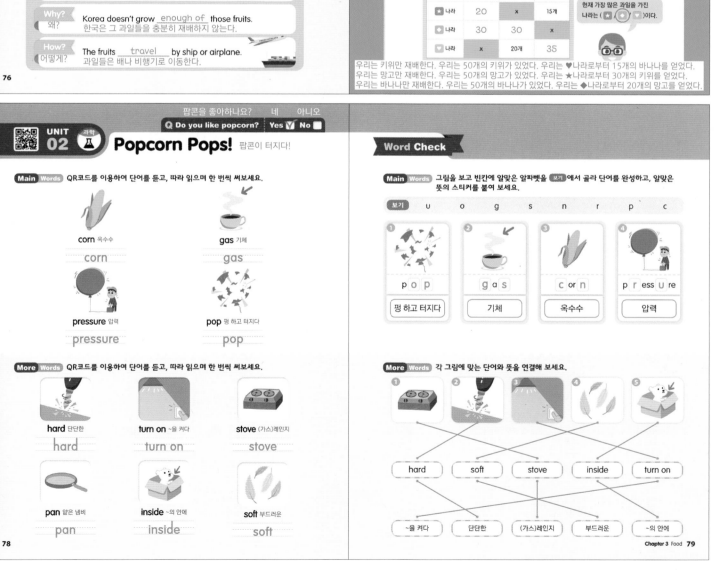

팝콘을 좋아하나요? 네 아니오
Q Do you like popcorn? Yes ✓ No ☐

UNIT 02 과학
Popcorn Pops! 팝콘이 터지다!

Main Words QR코드를 이용하여 단어를 듣고, 따라 읽으며 한 번씩 써보세요.

corn 옥수수 — corn
gas 기체 — gas
pressure 압력 — pressure
pop 펑 하고 터지다 — pop

More Words QR코드를 이용하여 단어를 듣고, 따라 읽으며 한 번씩 써보세요.

hard 단단한 — hard
turn on ~을 켜다 — turn on
stove (가스)레인지 — stove
pan 얕은 냄비 — pan
inside ~의 안에 — inside
soft 부드러운 — soft

78

Word Check

Main Words 그림을 보고 빈칸에 알맞은 알파벳을 보기 에서 골라 단어를 완성하고, 알맞은 뜻의 스티커를 붙여 보세요.

보기   u   o   g   s   n   r   p   c

① p o p — 펑 하고 터지다
② g a s — 기체
③ c o r n — 옥수수
④ p r e ss u r e — 압력

More Words 각 그림에 맞는 단어와 뜻을 연결해 보세요.

hard   soft   stove   inside   turn on

~을 켜다   단단한   (가스)레인지   부드러운   ~의 안에

Chapter 3 Food **79**

43

Popcorn Pops!
팝콘이 터지다!

Hello, I'm corn. / 안녕, 나는 옥수수야.

I'm too hard. / 나는 너무 단단해.

So you can't eat me. / 그래서 너는 날 먹을 수 없어.

But you can eat me soon. / 하지만 너는 곧 날 먹을 수 있어.

Turn on the stove. / 가스레인지를 켜.

Put me in a pan. / 나를 얕은 냄비에 넣어.

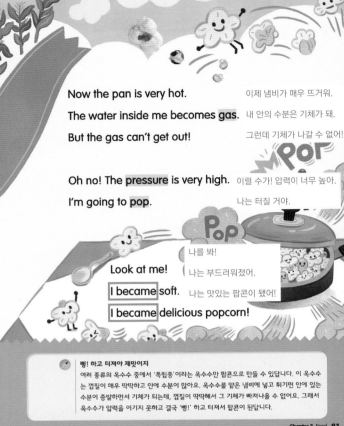

Now the pan is very hot. / 이제 냄비가 매우 뜨거워.

The water inside me becomes gas. / 내 안의 수분은 기체가 돼.

But the gas can't get out! / 그런데 기체가 나갈 수 없어!

Oh no! The pressure is very high. / 이럴 수가! 압력이 너무 높아.

I'm going to pop. / 나는 터질 거야.

Look at me! / 나를 봐!

I became soft. / 나는 부드러워졌어.

I became delicious popcorn! / 나는 맛있는 팝콘이 됐어!

Pattern Check

위 글에서 아래 패턴을 찾아 □ 표시하세요.

I became ~.
저는 ~해졌습니다.
저는 ~가 되었습니다.

아래 예문을 큰 소리로 따라 읽어보세요.

I became happy.
저는 행복해졌습니다.
I became her best friend.
저는 그녀의 가장 친한 친구가 되었습니다.

뻥! 하고 터져야 제맛이지
여러 종류의 옥수수 중에서 '폭립종'이라는 옥수수만 팝콘으로 만들 수 있답니다. 이 옥수수는 껍질이 매우 딱딱하고 안에 수분이 많아요. 옥수수를 얕은 냄비에 넣고 튀기면 안에 있는 수분이 증발하면서 기체가 되는데, 껍질이 딱딱해서 그 기체가 빠져나올 수 없어요. 그래서 옥수수가 압력을 이기지 못하고 결국 '뻥!' 하고 터져서 팝콘이 된답니다.

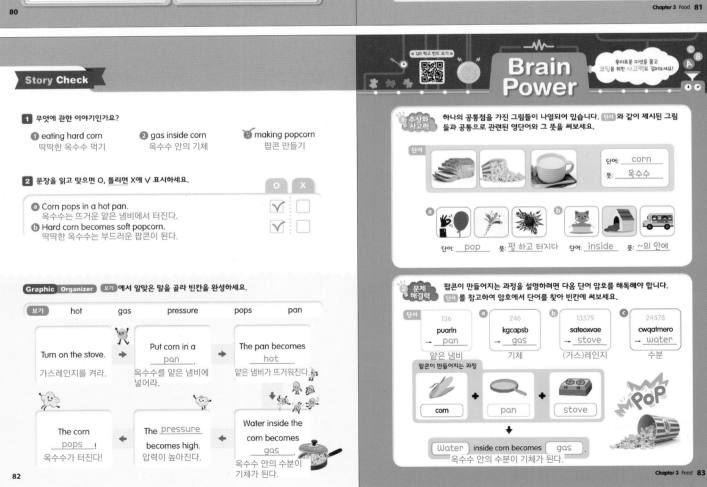

Story Check

1 무엇에 관한 이야기인가요?

❶ eating hard corn / 딱딱한 옥수수 먹기
❷ gas inside corn / 옥수수 안의 기체
❸ making popcorn / 팝콘 만들기 ✓

2 문장을 읽고 맞으면 O, 틀리면 X에 √ 표시하세요.

	O	X
ⓐ Corn pops in a hot pan. 옥수수는 뜨거운 얕은 냄비에서 터진다.	✓	
ⓑ Hard corn becomes soft popcorn. 딱딱한 옥수수는 부드러운 팝콘이 된다.	✓	

Graphic Organizer 보기에서 알맞은 말을 골라 빈칸을 완성하세요.

보기 hot / gas / pressure / pops / pan

Turn on the stove. / 가스레인지를 켜라. →
Put corn in a __pan__ / 옥수수를 얕은 냄비에 넣어라. →
The pan becomes __hot__ / 얕은 냄비가 뜨거워진다. ↓

The corn __pops__! / 옥수수가 터진다! ←
The __pressure__ becomes high. / 압력이 높아진다. ←
Water inside the corn becomes __gas__ / 옥수수 안의 수분이 기체가 된다.

Brain Power
흥미로운 미션을 풀고 코딩을 위한 사고력도 길러보세요!

1 추상화 사고력 하나의 공통점을 가진 그림들이 나열되어 있습니다. 단서와 같이 제시된 그림들과 공통으로 관련된 영단어와 그 뜻을 써보세요.

단서
단어: __corn__
뜻: __옥수수__

ⓐ 단어: __pop__ 뜻: 펑 하고 터지다
ⓑ 단어: __inside__ 뜻: ~의 안에

2 문제 해결력 팝콘이 만들어지는 과정을 설명하려면 다음 단어 암호를 해독해야 합니다. 단서를 참고하여 암호에서 단어를 찾아 빈칸에 써보세요.

단서
136 puarln → __pan__ 얕은 냄비
ⓐ 246 kgcapsb → __gas__ 기체
ⓑ 13579 sateoxvae → __stove__ (가스)레인지
ⓒ 24578 cwqatmero → __water__ 수분

팝콘이 만들어지는 과정
corn + pan + stove → POP

__Water__ inside corn becomes __gas__
옥수수 안의 수분이 기체가 된다.

UNIT 03 미술 · Delicious Art 맛있는 예술

Main Words QR코드를 이용하여 단어를 듣고, 따라 읽으며 한 번씩 써보세요.

taste 맛보다
taste

artwork 예술품
artwork

line 선
line

colorful 색채가 다양한
colorful

More Words QR코드를 이용하여 단어를 듣고, 따라 읽으며 한 번씩 써보세요.

enjoy 즐기다
enjoy

soup 수프
soup

popular 인기 있는
popular

baker 제빵사
baker

dessert 디저트, 후식
dessert

84

Word Check

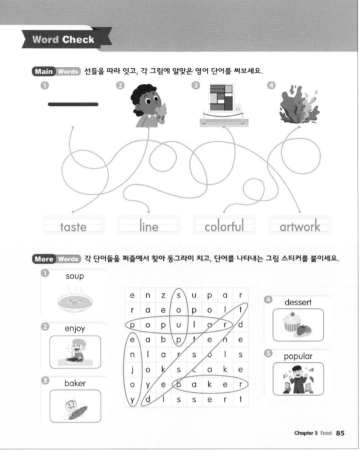

Main Words 선들을 따라 잇고, 각 그림에 알맞은 영어 단어를 써보세요.

① ② ③ ④

taste   line   colorful   artwork

More Words 각 단어들을 퍼즐에서 찾아 동그라미 치고, 단어를 나타내는 그림 스티커를 붙이세요.

① soup
② enjoy
③ baker
④ dessert
⑤ popular

e	n	z	s	u	p	a	r
r	a	e	o	p	o	l	t
p	o	p	u	l	a	r	d
e	a	b	p	t	e	n	e
n	l	a	r	s	o	l	s
j	o	k	s	c	a	k	e
o	y	e	b	a	k	e	r
y	d	l	s	s	e	r	t

지문을 듣고 따라 읽어보세요.

Food Becomes Art, Art Becomes Food
음식은 예술이 되고, 예술은 음식이 되다

We can enjoy food.
우리는 음식을 즐길 수 있다.

And food can become art.
그리고 음식은 예술이 될 수 있다.

Americans enjoy this soup.
미국인들은 이 수프를 즐긴다.

Andy Warhol also enjoyed it.
앤디 워홀도 그것을 즐겼다.

He painted a picture of the soup can.
그는 수프 깡통의 그림을 그렸다.

The picture became popular.
그 그림은 유명해졌다.

Pattern Check

위 글에서 아래 패턴을 찾아 □ 표시하세요.

We can ~.
우리는 ~(할) 수 있습니다.

아래 예문을 큰 소리로 따라 읽어보세요.

We can help you.
우리는 당신을 도와줄 수 있습니다.

We can see a picture.
우리는 그림을 볼 수 있습니다.

86

Art can become food.
예술은 음식이 될 수 있다.

And **we can** taste art.
그리고 우리는 예술을 맛볼 수 있다.

This is the artwork by Piet Mondrian.
피에트   몬드리안
이것은 피에트 몬드리안의 작품이다.

He used lines and three colors.
그는 선과 세 개의 색을 사용했다.

A baker got an idea from this picture.

And the picture became a colorful dessert.

한 제빵사가 이 그림에서 아이디어를 얻었다.

그리고 그 그림은 형형색색의 디저트가 되었다.

그래서 이런 그림이 탄생했어요!
미국의 화가 앤디 워홀은 모든 사람이 미술을 즐기기를 원했어요. 그래서 <캠벨 수프 통조림>처럼 대중적인 소재를 많이 그렸답니다. 피에트 몬드리안은 네덜란드의 화가였어요. 그가 활동하던 시기에 사실적인 그림은 인기가 없었어요. 그래서 그는 이야기에 소개된 작품 <빨강, 파랑, 노랑의 구성>과 같이 사물의 기본적인 모습만 나타내는 추상화를 그렸답니다.

45

1 무엇에 관한 이야기인가요?

① food and art
음식과 예술

② enjoying soup
수프 즐기기

③ colorful desserts
색채가 다양한 후식

2 문장을 읽고 맞으면 O, 틀리면 X에 ∨ 표시하세요.

	O	X
ⓐ Andy Warhol's painting became a dessert. 앤디 워홀의 그림은 후식이 되었다.		✓
ⓑ Piet Mondrian used lines and three colors in his picture. 피에트 몬드리안은 그의 그림에서 선과 세 가지 색을 사용했다.	✓	

Graphic Organizer 보기 에서 알맞은 말을 골라 빈칸을 완성하세요.

보기   colors   soup can   popular   dessert

Artist: Andy Warhol 예술가: 앤디 워홀
- He painted a _soup can_.
  그는 수프 깡통을 그렸다.
- His picture became _popular_.
  그의 그림은 인기 있게 되었다.

Artist: Piet Mondrian 예술가: 피에트 몬드리안
- He used three _colors_ in his picture.
  그는 그의 그림에 세 가지 색을 사용했다.
- His picture became a colorful _dessert_.
  그의 그림은 형형색색의 디저트가 되었다.

88

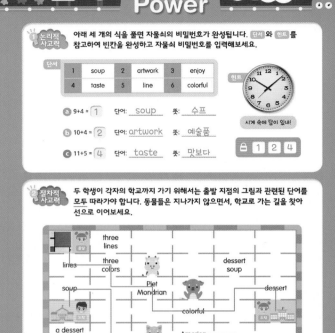

논리적 사고력 아래 세 개의 식을 풀면 자물쇠의 비밀번호가 완성됩니다. 단서 와 힌트 를 참고하여 빈칸을 완성하고 자물쇠 비밀번호를 입력해보세요.

단서

1	soup	2	artwork	3	enjoy
4	taste	5	line	6	colorful

힌트

시계 속에 답이 있네!

ⓐ 9+4 = [1]   단어: _soup_   뜻: _수프_
ⓑ 10+4 = [2]   단어: _artwork_   뜻: _예술품_
ⓒ 11+5 = [4]   단어: _taste_   뜻: _맛보다_

🔒 1 2 4

절차적 사고력 두 학생이 각자의 학교까지 가기 위해서는 출발 지점의 그림과 관련된 단어를 모두 따라가야 합니다. 동물들은 지나가지 않으면서, 학교로 가는 길을 찾아 선으로 이어보세요.

어떤 것이 1L와 같나요?   100 mL   1,000 mL
Q Which is the same as 1 liter?   100 mL ☐   1,000 mL ✓

Let's Cook! 요리하자!

Main Words QR코드를 이용하여 단어를 듣고, 따라 읽으며 한 번씩 써보세요.

milliliter (mL) 밀리리터
milliliter

liter (L) 리터
liter

gram (g) 그램
gram

kilogram (kg) 킬로그램
kilogram

More Words QR코드를 이용하여 단어를 듣고, 따라 읽으며 한 번씩 써보세요.

potato 감자
potato

milk 우유
milk

half 반
half

pancake 팬케이크
pancake

flour 밀가루
flour

90

Word Check

Main Words 그림을 보고 빈칸에 알맞은 알파벳을 보기 에서 골라 단어를 완성하고, 알맞은 뜻의 스티커를 붙여 보세요.

보기   m   r   t   k   l   g   i   a

① g r a m
그램

② l i t e r
리터

③ k ilogr a m
킬로그램

④ mil l ili t er
밀리리터

More Words 각 그림에 맞는 단어와 뜻을 연결해 보세요.

| ① | ② | ③ | ④ | ⑤ |

half   milk   pancake   flour   potato

반   팬케이크   감자   우유   밀가루

Let's Cook! 요리하자!

I'm Rob.

나는 Rob이야.

I'm going to make potato soup.

나는 감자 수프를 만들 거야.

I need a potato and 500 milliliters of milk.

나는 감자 한 개와 우유 500mL가 필요해.

This bottle of milk is 1 liter.

One liter is 1,000 milliliters.

So I'll use half of the bottle.

이 우유 한 병은 1L야.

1L는 1,000mL야.

그래서 나는 우유 반 병을 사용할 거야.

I'm Bona.

나는 보나야.

I'm going to make pancakes.

나는 팬케이크를 만들 거야.

I need 200 grams of flour for one pancake.

나는 팬케이크 하나당 밀가루 200g이 필요해.

This bag of flour is 1 kilogram.

One kilogram is 1,000 grams.

So I can make five pancakes!

이 밀가루 한 봉지는 1kg이야.

1kg은 1,000g이야.

그래서 나는 팬케이크 다섯 장을 만들 수 있어!

Pattern Check

위 글에서 아래 패턴을 찾아 □ 표시하세요.

I'm going to ~.
저는 ~(할) 것입니다.

아래 예문을 큰 소리로 따라 읽어보세요.

I'm going to cook.
저는 요리할 것입니다.

I'm going to clean my room.
저는 제 방을 청소할 것입니다.

우리 하나만 쓰기로 약속해요

옛날에는 사람마다 부피와 무게, 길이를 재는 기준이 각자 달라서 매우 혼란스러웠대요. 그래서 액체의 부피를 잴 때는 리터(L)와 밀리리터(mL)를, 무게를 잴 때는 킬로그램(kg)과 그램(g)을, 길이를 잴 때는 킬로미터(km)와 미터(m)를 쓰기로 약속했어요. 이 약속을 '미터법'이라고 해요. 오늘날에는 많은 나라들이 이 미터법을 사용하고 있답니다.

Story Check

1 무엇에 관한 이야기인가요?

1 making potato soup and pancakes
감자 수프와 팬케이크 만들기
2 Rob's soup for Bona
Bona를 위한 Rob의 수프
3 liters and milliliters
리터와 밀리리터

2 문장을 읽고 맞으면 O, 틀리면 X에 ∨ 표시하세요.

	O	X
a Rob needs 500 liters of milk. Rob은 500L의 우유가 필요하다.		✓
b Bona needs 200 grams of flour for five pancakes. Bona는 다섯 장의 팬케이크를 위해 200g의 밀가루가 필요하다.		✓

Graphic Organizer 보기 에서 알맞은 말을 골라 빈칸을 완성하세요.

보기   half   kilogram   grams   liter   milliliters

Rob ...

- needs a potato and
500 __milliliters__ of milk.
Rob은 감자 하나와 500mL의 우유가 필요하다.
- will use __half__ of the bottle.
Rob은 병의 반을 쓸 것이다.

= 1 __liter__
우유 한 병=1L

Bona ...

- needs 200 __grams__ of
flour for one pancake.
Bona는 팬케이크 하나당 200g의 밀가루가 필요하다.
- can make five pancakes.
Bona는 다섯 장의 팬케이크를 만들 수 있다.

= 1 __kilogram__
밀가루 한 봉지=1kg

Brain Power

우미로운 미션을 풀고 코딩을 위한 사고력도 길러보세요!

1 점차적 사고력 아래 숫자에 어떤 암호가 숨겨져 있습니다. 단서 와 힌트 를 보고, 숫자 암호를 해석하여 영단어와 그 뜻을 써보세요. 그리고 c의 암호는 직접 만들어보세요.

단서
6, 15, 2 ➡ half
4, 24, 12, 17 ➡ liter

힌트
영단어의 우리말 뜻을 아래처럼 써 봐!
하ㄴㄱ一ㄹ

a 1, 15, 5, 9, 15   단어: __potato__   뜻: __감자__

b 5, 24, 4, 1, 15, 4, 21   단어: __flour__   뜻: __밀가루__

c 8, 21, 8, 22   단어: __milk__   뜻: __우유__

2 문제 해결력 아르바이트생 Andy는 사장님의 메모대로 팬케이크 재료를 준비해야 합니다. 힌트 를 보고 알맞은 개수대로 밀가루 또는 우유 스티커를 붙여보세요.

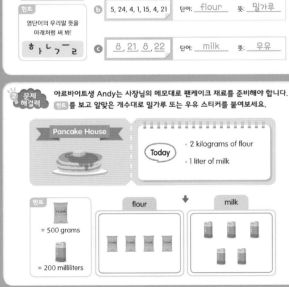

Pancake House

Today
- 2 kilograms of flour
- 1 liter of milk

힌트
= 500 grams
= 200 milliliters

Wrap UP!

Unit 01 빈칸을 채워 그림이나 뜻을 나타내는 단어를 완성하고, 빈칸에 들어가는 알파벳이 같은 것끼리 연결하세요.

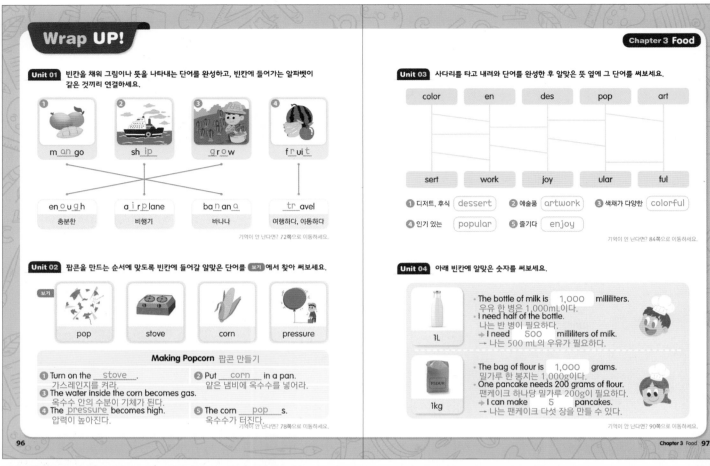

① m _an_ go
② sh _ip_
③ _gr_ o w
④ f _rui_ t

en _ou_ g h
충분한

a _i_ r p l ane
비행기

ba _n_ a n a
바나나

tr _av_ el
여행하다, 이동하다

기억이 안 난다면? 72쪽으로 이동하세요.

Unit 02 팝콘을 만드는 순서에 맞도록 빈칸에 들어갈 알맞은 단어를 보기 에서 찾아 써보세요.

보기

pop　　stove　　corn　　pressure

Making Popcorn 팝콘 만들기

① Turn on the __stove__ .
가스레인지를 켜라.
② Put __corn__ in a pan.
얕은 냄비에 옥수수를 넣어라.
③ The water inside the corn becomes gas.
옥수수 안의 수분이 기체가 된다.
④ The __pressure__ becomes high.
압력이 높아진다.
⑤ The corn __pop__ s.
옥수수가 터진다.

기억이 안 난다면? 78쪽으로 이동하세요.

Unit 03 사다리를 타고 내려와 단어를 완성한 후 알맞은 뜻 옆에 그 단어를 써보세요.

color　　en　　des　　pop　　art

sert　　work　　joy　　ular　　ful

① 디저트, 후식 [dessert]　② 예술품 [artwork]　③ 색채가 다양한 [colorful]

④ 인기 있는 [popular]　⑤ 즐기다 [enjoy]

기억이 안 난다면? 84쪽으로 이동하세요.

Unit 04 아래 빈칸에 알맞은 숫자를 써보세요.

1L
- The bottle of milk is [1,000] milliliters.
우유 한 병은 1,000mL이다.
- I need half of the bottle.
나는 반 병이 필요하다.
➡ I need [500] milliliters of milk.
→ 나는 500 mL의 우유가 필요하다.

1kg
- The bag of flour is [1,000] grams.
밀가루 한 봉지는 1,000g이다.
- One pancake needs 200 grams of flour.
팬케이크 하나당 밀가루 200g이 필요하다.
➡ I can make [5] pancakes.
→ 나는 팬케이크 다섯 장을 만들 수 있다.

기억이 안 난다면? 90쪽으로 이동하세요.

쉬어가기　아래 계산식을 참고하여 마지막 문제의 답을 써보세요.

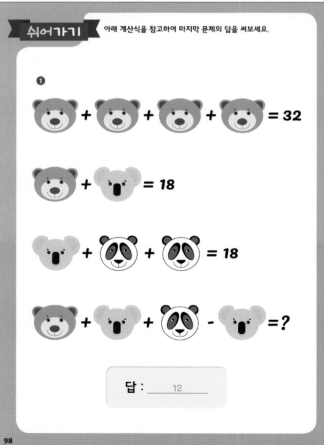

①

🐻 + 🐻 + 🐻 + 🐻 = 32

🐻 + 🐨 = 18

🐨 + 🐼 + 🐼 = 18

🐻 + 🐨 + 🐼 - 🐨 = ?

답 : __12__

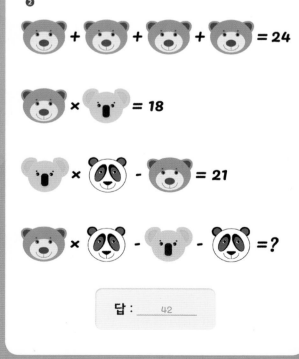

②

🐻 + 🐻 + 🐻 + 🐻 = 24

🐻 × 🐨 = 18

🐨 × 🐼 - 🐻 = 21

🐻 × 🐼 - 🐨 - 🐼 = ?

답 : __42__

48

초등영어

리딩이 된다

Basic 2

WORKBOOK 정답 및 해설

Ch1 UNIT 01 It Is Chuseok

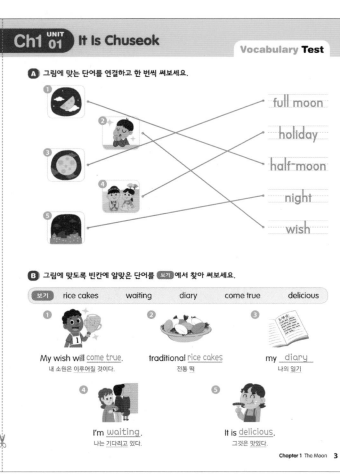

A 그림에 맞는 단어를 연결하고 한 번씩 써보세요.

1
2
3
4
5

full moon

holiday

half-moon

night

wish

B 그림에 맞도록 빈칸에 알맞은 단어를 보기 에서 찾아 써보세요.

보기 rice cakes   waiting   diary   come true   delicious

1 My wish will come true.
내 소원은 이루어질 것이다.

2 traditional rice cakes
전통 떡

3 my diary
나의 일기

4 I'm waiting.
나는 기다리고 있다.

5 It is delicious.
그것은 맛있다.

Chapter 1 The Moon 3

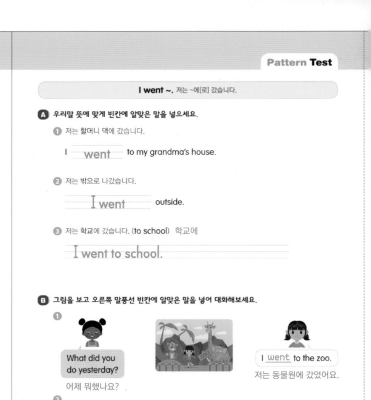

I went ~. 저는 ~에[로] 갔습니다.

A 우리말 뜻에 맞게 빈칸에 알맞은 말을 넣으세요.

1 저는 할머니 댁에 갔습니다.
   I went to my grandma's house.

2 저는 밖으로 나갔습니다.
   I went outside.

3 저는 학교에 갔습니다. (to school) 학교에
   I went to school.

B 그림을 보고 오른쪽 말풍선 빈칸에 알맞은 말을 넣어 대화해보세요.

1 What did you do yesterday?
어제 뭐했나요? .

I went to the zoo.
저는 동물원에 갔어요.

2 What did you do yesterday?

I went to the hospital.
저는 병원에 갔어요.

4 Chapter 1 어제 뭐했나요?

Ch1 UNIT 02 Friends in Space

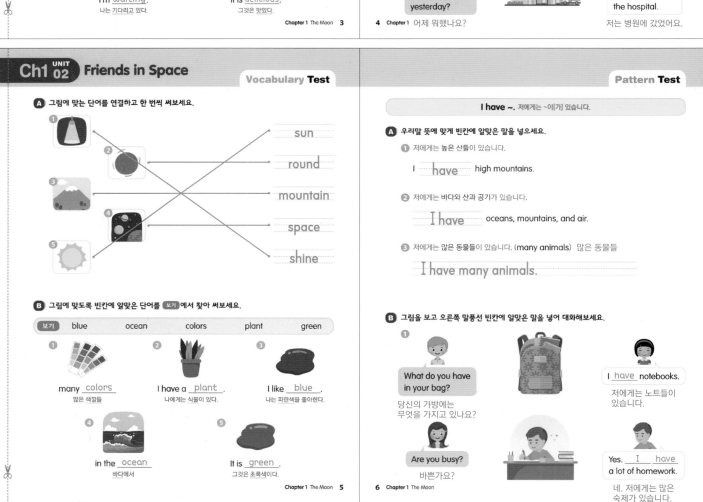

A 그림에 맞는 단어를 연결하고 한 번씩 써보세요.

1
2
3
4
5

sun

round

mountain

space

shine

B 그림에 맞도록 빈칸에 알맞은 단어를 보기 에서 찾아 써보세요.

보기 blue   ocean   colors   plant   green

1 many colors
많은 색깔들

2 I have a plant.
나에게는 식물이 있다.

3 I like blue.
나는 파란색을 좋아한다.

4 in the ocean
바다에서

5 It is green.
그것은 초록색이다.

Chapter 1 The Moon 5

I have ~. 저에게는 ~이[가] 있습니다.

A 우리말 뜻에 맞게 빈칸에 알맞은 말을 넣으세요.

1 저에게는 높은 산들이 있습니다.
   I have high mountains.

2 저에게는 바다와 산과 공기가 있습니다.
   I have oceans, mountains, and air.

3 저에게는 많은 동물들이 있습니다. (many animals) 많은 동물들
   I have many animals.

B 그림을 보고 오른쪽 말풍선 빈칸에 알맞은 말을 넣어 대화해보세요.

1 What do you have in your bag?
당신의 가방에는 무엇을 가지고 있나요?

I have notebooks.
저에게는 노트들이 있습니다.

Are you busy?
바쁜가요?

Yes. I have a lot of homework.
네. 저에게는 많은 숙제가 있습니다.

6 Chapter 1 The Moon

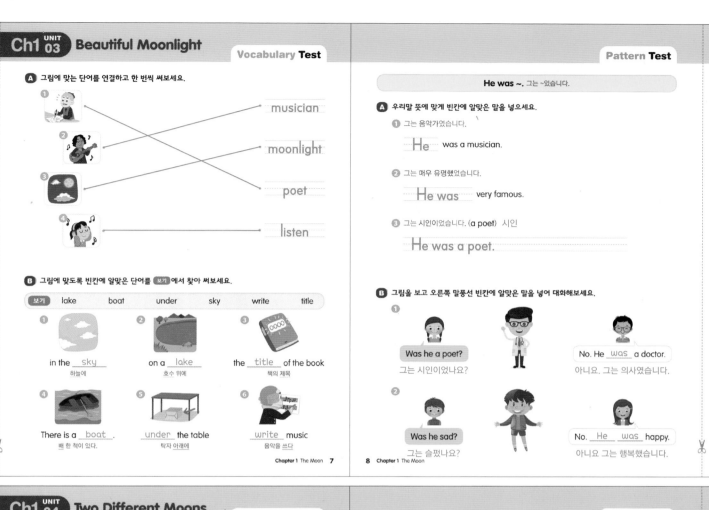

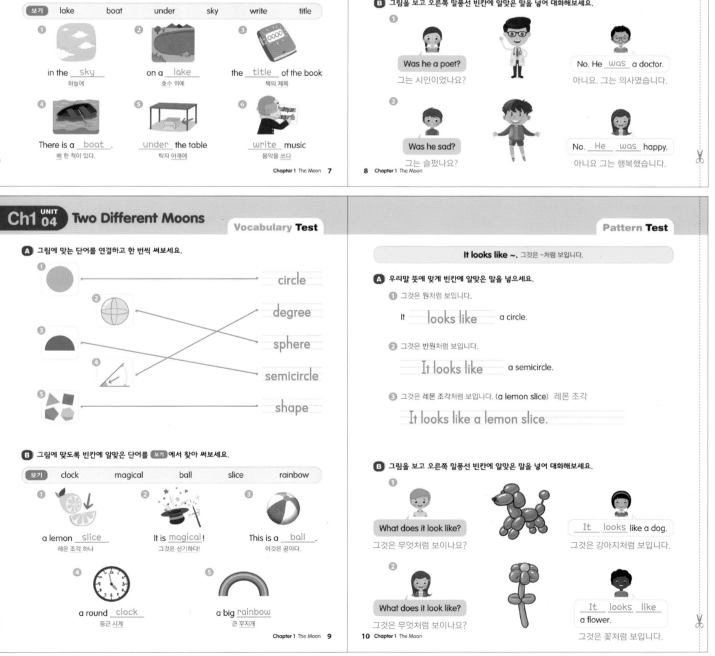

Vocabulary Test

Pattern Test

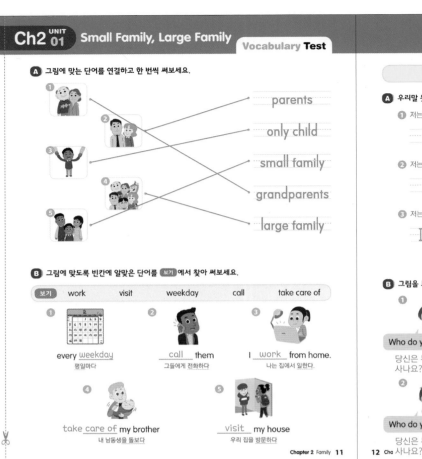

Ⓐ 그림에 맞는 단어를 연결하고 한 번씩 써보세요.

- parents
- only child
- small family
- grandparents
- large family

Ⓑ 그림에 맞도록 빈칸에 알맞은 단어를 보기 에서 찾아 써보세요.

보기 work   visit   weekday   call   take care of

❶ every weekday
평일마다

❷ call them
그들에게 전화하다

❸ I work from home.
나는 집에서 일한다.

❹ take care of my brother
내 남동생을 돌보다

❺ visit my house
우리 집을 방문하다

I live with ~. 저는 ~와[과] 함께 삽니다.

Ⓐ 우리말 뜻에 맞게 빈칸에 알맞은 말을 넣으세요.

❶ 저는 부모님과 함께 삽니다.

I live with my parents.

❷ 저는 조부모님과 함께 삽니다.

I live with my grandparents.

❸ 저는 남동생과 함께 삽니다. (my younger brother) 나의 남동생

I live with my younger brother.

Ⓑ 그림을 보고 오른쪽 말풍선 빈칸에 알맞은 말을 넣어 대화해보세요.

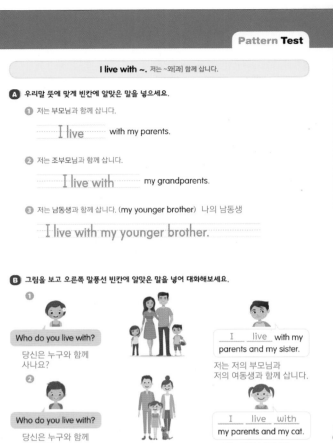

❶ Who do you live with?
당신은 누구와 함께 사나요?

I live with my parents and my sister.
저는 저의 부모님과 저의 여동생과 함께 삽니다.

❷ Who do you live with?
당신은 누구와 함께 사나요?

I live with my parents and my cat.
저는 저의 부모님과 고양이와 함께 삽니다.

Chapter 2 Family 11

12 Cha

Vocabulary Test

Pattern Test

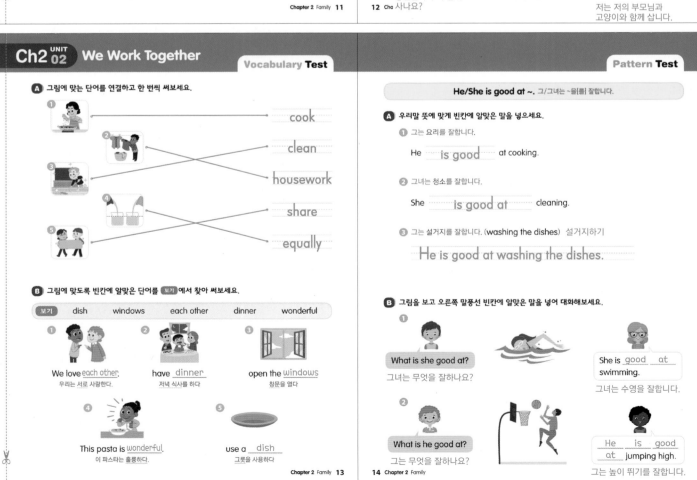

Ⓐ 그림에 맞는 단어를 연결하고 한 번씩 써보세요.

- cook
- clean
- housework
- share
- equally

Ⓑ 그림에 맞도록 빈칸에 알맞은 단어를 보기 에서 찾아 써보세요.

보기 dish   windows   each other   dinner   wonderful

❶ We love each other.
우리는 서로 사랑한다.

❷ have dinner
저녁 식사를 하다

❸ open the windows
창문을 열다

❹ This pasta is wonderful.
이 파스타는 훌륭하다.

❺ use a dish
그릇을 사용하다

He/She is good at ~. 그/그녀는 ~을[를] 잘합니다.

Ⓐ 우리말 뜻에 맞게 빈칸에 알맞은 말을 넣으세요.

❶ 그는 요리를 잘합니다.

He is good at cooking.

❷ 그녀는 청소를 잘합니다.

She is good at cleaning.

❸ 그는 설거지를 잘합니다. (washing the dishes) 설거지하기

He is good at washing the dishes.

Ⓑ 그림을 보고 오른쪽 말풍선 빈칸에 알맞은 말을 넣어 대화해보세요.

❶ What is she good at?
그녀는 무엇을 잘하나요?

She is good at swimming.
그녀는 수영을 잘합니다.

❷ What is he good at?
그는 무엇을 잘하나요?

He is good at jumping high.
그는 높이 뛰기를 잘합니다.

Chapter 2 Family 13

14 Chapter 2 Family

Vocabulary Test

Pattern Test

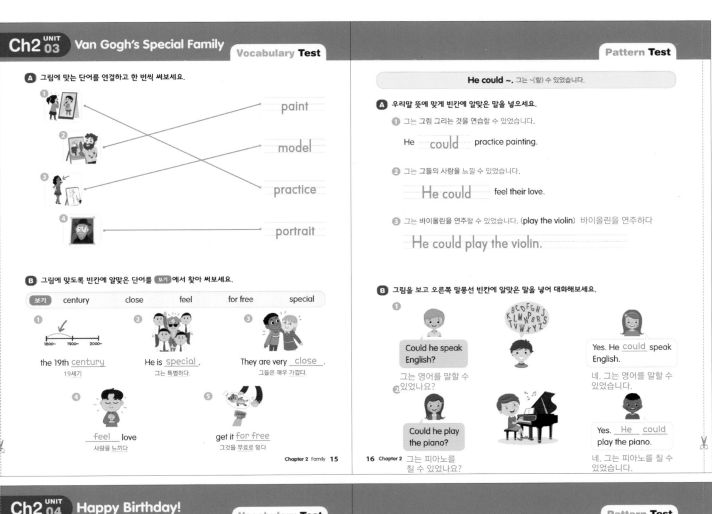

A 그림에 맞는 단어를 연결하고 한 번씩 써보세요.

- ① paint
- ② model
- ③ practice
- ④ portrait

B 그림에 맞도록 빈칸에 알맞은 단어를 보기 에서 찾아 써보세요.

보기 century   close   feel   for free   special

① the 19th century
19세기

② He is special .
그는 특별하다.

③ They are very close .
그들은 매우 가깝다.

④ feel love
사랑을 느끼다

⑤ get it for free
그것을 무료로 얻다

Chapter 2 Family 15

He could ~. 그는 ~(할) 수 있었습니다.

A 우리말 뜻에 맞게 빈칸에 알맞은 말을 넣으세요.

① 그는 그림 그리는 것을 연습할 수 있었습니다.
He could practice painting.

② 그는 그들의 사랑을 느낄 수 있었습니다.
He could feel their love.

③ 그는 바이올린을 연주할 수 있었습니다. (play the violin) 바이올린을 연주하다
He could play the violin.

B 그림을 보고 오른쪽 말풍선 빈칸에 알맞은 말을 넣어 대화해보세요.

① Could he speak English?
그는 영어를 말할 수 있었나요?

Yes. He could speak English.
네. 그는 영어를 말할 수 있었습니다.

② Could he play the piano?
그는 피아노를 칠 수 있었나요?

Yes. He could play the piano.
네. 그는 피아노를 칠 수 있었습니다.

16 Chapter 2

Vocabulary Test

Pattern Test

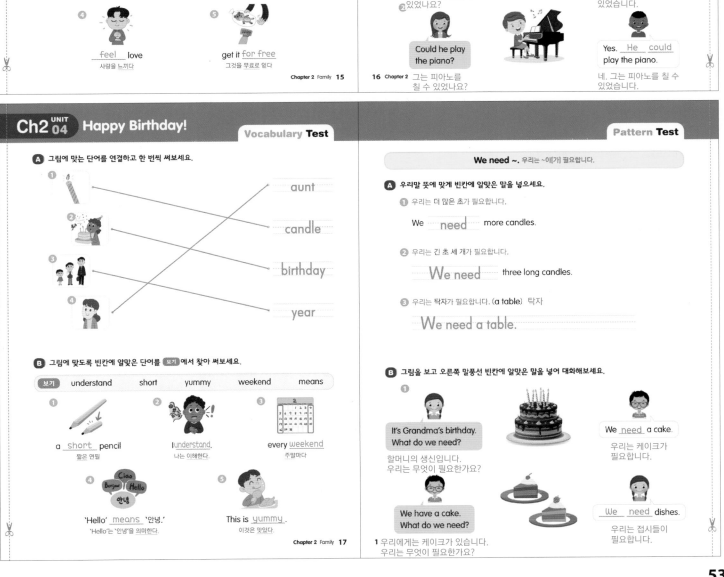

A 그림에 맞는 단어를 연결하고 한 번씩 써보세요.

- ① aunt
- ② candle
- ③ birthday
- ④ year

B 그림에 맞도록 빈칸에 알맞은 단어를 보기 에서 찾아 써보세요.

보기 understand   short   yummy   weekend   means

① a short pencil
짧은 연필

② I understand.
나는 이해한다.

③ every weekend
주말마다

④ 'Hello' means '안녕.'
'Hello'는 '안녕'을 의미한다.

⑤ This is yummy .
이것은 맛있다.

Chapter 2 Family 17

We need ~. 우리는 ~이게 필요합니다.

A 우리말 뜻에 맞게 빈칸에 알맞은 말을 넣으세요.

① 우리는 더 많은 초가 필요합니다.
We need more candles.

② 우리는 긴 초 세 개가 필요합니다.
We need three long candles.

③ 우리는 탁자가 필요합니다. (a table) 탁자
We need a table.

B 그림을 보고 오른쪽 말풍선 빈칸에 알맞은 말을 넣어 대화해보세요.

① It's Grandma's birthday. What do we need?
할머니의 생신입니다. 우리는 무엇이 필요한가요?

We need a cake.
우리는 케이크가 필요합니다.

We have a cake. What do we need?

We need dishes.
우리는 접시들이 필요합니다.

1 우리에게는 케이크가 있습니다. 우리는 무엇이 필요한가요?

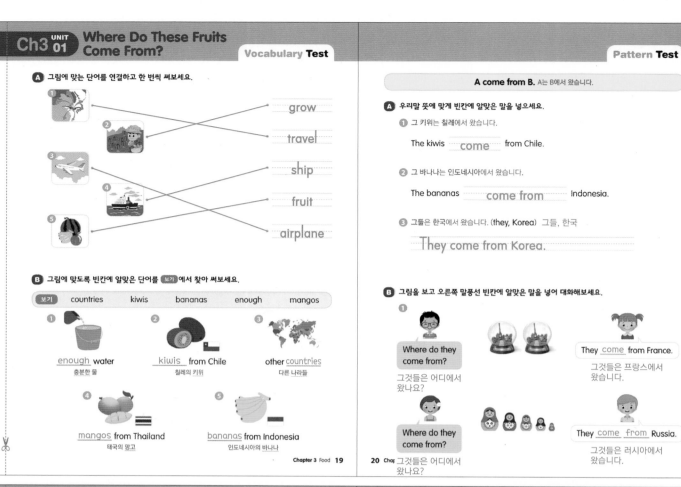

A 그림에 맞는 단어를 연결하고 한 번씩 써보세요.

grow
travel
ship
fruit
airplane

B 그림에 맞도록 빈칸에 알맞은 단어를 보기 에서 찾아 써보세요.

보기   countries   kiwis   bananas   enough   mangos

1. enough water
충분한 물

2. kiwis from Chile
칠레의 키위

3. other countries
다른 나라들

4. mangos from Thailand
태국의 망고

5. bananas from Indonesia
인도네시아의 바나나

Chapter 3 Food 19

A come from B. A는 B에서 왔습니다.

A 우리말 뜻에 맞게 빈칸에 알맞은 말을 넣으세요.

1. 그 키위는 칠레에서 왔습니다.

The kiwis   come   from Chile.

2. 그 바나나는 인도네시아에서 왔습니다.

The bananas   come from   Indonesia.

3. 그들은 한국에서 왔습니다. (they, Korea) 그들, 한국

They come from Korea.

B 그림을 보고 오른쪽 말풍선 빈칸에 알맞은 말을 넣어 대화해보세요.

1.
Where do they come from?
그것들은 어디에서 왔나요?

They come from France.
그것들은 프랑스에서 왔습니다.

Where do they come from?
그것들은 어디에서 왔나요?

They come from Russia.
그것들은 러시아에서 왔습니다.

20 Chap

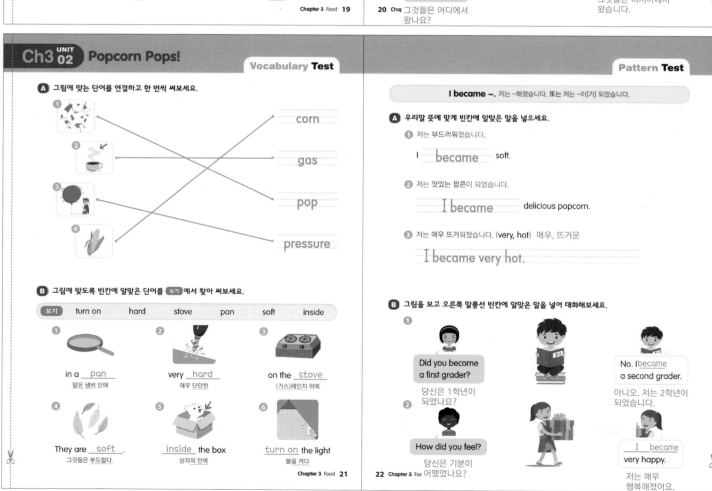

A 그림에 맞는 단어를 연결하고 한 번씩 써보세요.

corn
gas
pop
pressure

B 그림에 맞도록 빈칸에 알맞은 단어를 보기 에서 찾아 써보세요.

보기   turn on   hard   stove   pan   soft   inside

1. in a pan
얇은 냄비 안에

2. very hard
매우 단단한

3. on the stove
(가스)레인지 위에

4. They are soft.
그것들은 부드럽다.

5. inside the box
상자의 안에

6. turn on the light
불을 켜다

Chapter 3 Food 21

I became ~. 저는 ~해졌습니다. 또는 저는 ~이[가] 되었습니다.

A 우리말 뜻에 맞게 빈칸에 알맞은 말을 넣으세요.

1. 저는 부드러워졌습니다.

I   became   soft.

2. 저는 맛있는 팝콘이 되었습니다.

I became   delicious popcorn.

3. 저는 매우 뜨거워졌습니다. (very, hot) 매우, 뜨거운

I became very hot.

B 그림을 보고 오른쪽 말풍선 빈칸에 알맞은 말을 넣어 대화해보세요.

1.
Did you become a first grader?
당신은 1학년이 되었나요?

No. I became a second grader.
아니오. 저는 2학년이 되었습니다.

2.
How did you feel?
당신은 기분이 어땠었나요?

I became very happy.
저는 매우 행복해졌어요.

22 Chapter 3 Foc

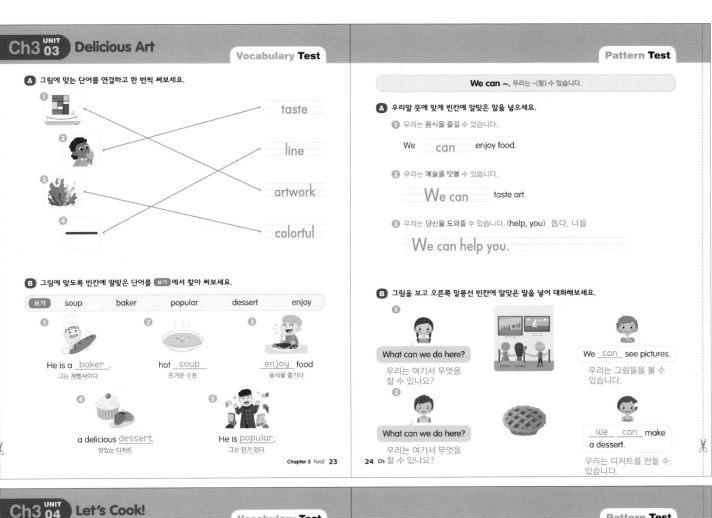

Vocabulary Test

Ⓐ 그림에 맞는 단어를 연결하고 한 번씩 써보세요.

① taste

② line

③ artwork

④ colorful

Ⓑ 그림에 맞도록 빈칸에 알맞은 단어를 보기에서 찾아 써보세요.

보기　soup　baker　popular　dessert　enjoy

① He is a _baker_ .
그는 제빵사이다.

② hot _soup_
뜨거운 수프

③ _enjoy_ food
음식을 즐기다

④ a delicious _dessert_
맛있는 디저트

⑤ He is _popular_ .
그는 인기 있다.

Chapter 3 Food **23**

Pattern Test

We can ~. 우리는 ~(할) 수 있습니다.

Ⓐ 우리말 뜻에 맞게 빈칸에 알맞은 말을 넣으세요.

① 우리는 음식을 즐길 수 있습니다.

We _can_ enjoy food.

② 우리는 예술을 맛볼 수 있습니다.

We can taste art.

③ 우리는 당신을 도와줄 수 있습니다. (help, you) 돕다, 너를

We can help you.

Ⓑ 그림을 보고 오른쪽 말풍선 빈칸에 알맞은 말을 넣어 대화해보세요.

①
What can we do here?
우리는 여기서 무엇을 할 수 있나요?

We _can_ see pictures.
우리는 그림들을 볼 수 있습니다.

②
What can we do here?
우리는 여기서 무엇을 할 수 있나요?

_We_ _can_ make a dessert.
우리는 디저트를 만들 수 있습니다.

24 Ch

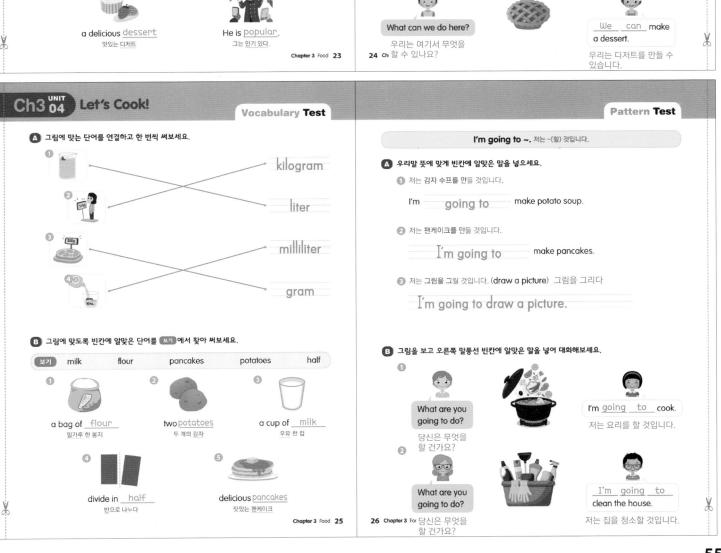

Vocabulary Test

Ⓐ 그림에 맞는 단어를 연결하고 한 번씩 써보세요.

① kilogram

② liter

③ milliliter

④ gram

Ⓑ 그림에 맞도록 빈칸에 알맞은 단어를 보기에서 찾아 써보세요.

보기　milk　flour　pancakes　potatoes　half

① a bag of _flour_
밀가루 한 봉지

② two _potatoes_
두 개의 감자

③ a cup of _milk_
우유 한 컵

④ divide in _half_
반으로 나누다

⑤ delicious _pancakes_
맛있는 팬케이크

Chapter 3 Food **25**

Pattern Test

I'm going to ~. 저는 ~(할) 것입니다.

Ⓐ 우리말 뜻에 맞게 빈칸에 알맞은 말을 넣으세요.

① 저는 감자 수프를 만들 것입니다.

I'm _going to_ make potato soup.

② 저는 팬케이크를 만들 것입니다.

I'm going to make pancakes.

③ 저는 그림을 그릴 것입니다. (draw a picture) 그림을 그리다

I'm going to draw a picture.

Ⓑ 그림을 보고 오른쪽 말풍선 빈칸에 알맞은 말을 넣어 대화해보세요.

①
What are you going to do?
당신은 무엇을 할 건가요?

I'm _going_ _to_ cook.
저는 요리를 할 것입니다.

②
What are you going to do?
당신은 무엇을 할 건가요?

_I'm_ _going_ _to_ clean the house.
저는 집을 청소할 것입니다.

26 Chapter 3 Foc

55

영어 교육 전문 기업 NE능률이 만든
온라인 영어 레벨 테스트

NELT
Neungyule English Level Test

www.nelt.co.kr ▼

NELT 무엇이 다를까요?

영어기본기부터
내신/수능 대비까지 OK!
(한국 교육과정 기반 레벨테스트)

언제, 어디서든
응시하고
성적 확인도 바로 가능!

영역별 상세한 분석과
학습 처방을 제공하는
성적표!

유치 ~ 고3 수준까지
응시할 수 있는
레벨 테스트!

성적표의 차이가
레벨 테스트의 차이!

– 객관적 수치로 상세한 영어 실력 진단!

– 빈틈 없는 약점 관리와 개인 맞춤형 학습 플랜 제공!

– 영어 기본기 및 내신/수능까지 대비할 수 있는 학습법 제시!

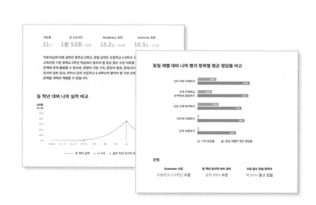

NE 능률